錢學森

嗨！有趣的故事

徐魯

Hi! Story

【出版說明】

在文字出現以前，知識的傳遞方式主要就是語言，靠口耳相傳的方式記錄歷史與情感表達。人類的生活經歷、生命情感也依靠著「說故事」來「記錄」。是即人們口中常說的「傳說時代」。然而文字的出現讓「故事」不僅能夠分享，還能記錄，還能更好、更廣泛地保留、積累和傳承。

《史記》「紀傳體」這個體裁的出現，讓「信史」有了依託，讓「故事」有了新的準則：文詞精鍊，詞彙豐富，語言精切淺白；豐富的思想內容，不虛美、不隱惡。選擇人物一生中最有典型意義的事件，來突出人物的性格特徵，以對事件的細節描寫烘托人物的情感表現，用符合人物身份的語言，表現人物的神情態度、愛好取捨。生動、雋永而又情味盎然。

「故事」中的人物和事件，從來就是人類的「熱門話題」。她是茶餘飯後的趣味談資，是小說家的鮮活素材，是政治學、人類學、社會學等取之無盡、用之不竭的研究依據和事實佐證。

中國歷史上下五千年，人物眾多，事件繁複，神話傳說與歷史事實並存，正史與野史交錯互映，頭緒繁多，內容龐雜，可謂浩如煙海、精彩紛呈，展現了中華文化的源遠流長與博大精深。讓「故事」的題材取之不盡，用之不竭。而其深厚的文化底蘊如何呈現，怎樣傳承，使之重光，無疑成為《嗨！有趣的故事》出版的緣起與意趣。

《嗨！有趣的故事》秉持典籍史料所承載的歷史精神，力圖反映歷史的精彩與真實。深入淺出的文字使「故事」更為生動，更為循循善誘、發人深思。

《嗨！有趣的故事》以蘊含了或高亢激昂或哀婉悲痛的歷史現場，以對古往今來無數先賢英烈的思想、事蹟和他們事業成就的鮮活呈現，於協助讀者不斷豐富歷史視域和深度思考的同時，不斷獲得人生啟迪和現實思考，並從中汲取力量，豐富精神世界，在實現自我人生價值和彰顯時代精神的大道上，毅勇精進，不斷提升。

【導讀】

一九一一年十二月十一日，錢學森出生在上海的一所教會醫院裏，父母都是浙江杭州大戶人家裏的讀書人。

他很小的時候，就喜歡坐在夏夜的草地上數星星，遙望月亮上的隕石坑（環形山）。深藍色的夜空裏，每顆星星都閃爍不停，就像燦爛的寶石和花朵。

「看，那是獵戶星座，那是雙子星座……」

他指著遙遠的星空，告訴小夥伴們那些星星和星座的名字。

突然，有一顆流星拖著尾巴畫過了夜空。

他趕忙和小夥伴們一起，在各自的褲帶上打著結。傳說，這樣做可以撿到好多的錢……

坐在中秋夜的月亮下面，爸爸會給他講解詩人屈原的詩歌：「夜光何德，死則又育？厥利維何，而顧菟在腹？」

意思是說：月亮呀，你是不是擁有什麼特殊的品性？為什麼能夠缺了又圓，落下了還會升起來？為什麼要把一隻小小的兔子，養在自己的肚子裏？

長長的夜晚，他會坐在客廳裏，安安靜靜地聽媽媽給他講故事。媽媽的聲音是那麼溫柔，那麼美……

不過，聽著聽著，他的目光又被窗外的月亮和星空吸引去了。

他爬到窗戶上，伸出雙手，好像要去摘下一顆星星來。

有一天，他捧著書跑進書房裏，問爸爸：「爸爸，《水滸傳》裏說，那一百零八個英雄，是一百零八顆星星下凡變成的。那麼，世界上的大人物，那些為人類做出了貢獻的偉人，也是天上的星星變的嗎？」

爸爸停下手上的事，認真想了一下，回答他說：「學森呀，星星下凡，只是人們的一種幻想，是古代人的一種美好願望。其實，所有的英雄和偉人，像張衡、祖沖之、諸葛亮、岳飛、文天祥，還有孫中山呀，他們都是普通人，只是他們從小就愛動腦筋，有遠大的志向，不怕任何困難，所以才能做出驚天動地的大事情。」

「哦，原來英雄和大人物，都不是天上的星星變的！那我長大了也可以成為英雄啦？」

「當然能啊！」爸爸高興地說，「自古英雄出少年嘛！只要你從小就立下美好的志向……」

爸爸的話，他牢牢地記在了心裏。

錢學森長大後，乘著大船，跨過太平洋，開始尋找他的科學夢想。

一九三五年九月，他進入美國麻省理工學院航空系。

坐在大學校園的綠草地上，他還是那麼喜歡仰望星空。

不久，他又轉入加州理工學院航空系，跟著科學大師，被人們稱為「超音速飛行之父」的馮·卡門先生學習航空動力學。馮·卡門主持的航空實驗室，被譽為人類火箭技術的搖籃。錢學森成了大師最賞識、最信任的助手。

美麗的繁星在閃爍……

星星好像在呼喚著每一個喜歡仰望星空的人。

「歡迎你成為『火箭俱樂部』的一員！」

「火箭俱樂部」的同學們敞開懷抱擁抱了這位「火箭迷」。

美麗的星夜裏，錢學森和「火箭俱樂部」的同學們一起，發射了自己造的第一枚小火箭。小火箭帶著他的夢想，向著夜空飛去……

報效國家的路是那麼漫長和曲折。

錢學森和夫人冒著生命危險，衝破重重阻力，帶著兩個幼小的孩子，最終踏上了回國的旅程……

回國不久，一位身經百戰的將軍，迫不及待地向錢學森問道：

「尊敬的大科學家，請你明確告訴我，咱們中國人，能不能造出自己的導彈來呢？」

他微笑著回答說：「有什麼不能的？當然能！外國人能造出來的，我們中國人同樣能造出來！難道中國人比外國人矮了一截嗎？」

不久，他就像突然「失蹤」了一樣，家人、朋友都不知道他去哪兒了。就是知道了，也不能說出來。兒子和女兒大半年見不到爸爸，常常問媽媽：「爸爸去哪兒了？」媽媽只能這樣告訴孩子們：「在遠方，在很遠的遠方……」

是的，爸爸是從很遠又很冷的、荒無人煙的沙漠裏回來的。

許多年之後，兒子才知道，爸爸「失蹤」後，一直在草原上，在沙漠裏，在戈壁灘上，和許多科學家、專業人士在一起工作。

他把全部精力投入到了導彈、火箭、衛星和太空船的研製與發射計畫上。錢學森被人們稱為中國航太事業的奠基人、人民科學家、「兩彈一星」元勳、中國國防科技的領軍人物。

他年老的時候，仍然喜歡和自己最親愛的人一起，坐在夏夜的草地上數星星，遙望月亮上的隕石坑……

人們說，他為國家做出的貢獻也像天上的繁星一樣眾多，一樣耀眼。他創立的多種學說，能使人們更快、更好地完成大工程，也能讓我們居住的城市變得更美麗，讓荒涼的沙漠變成神奇的寶庫……

二〇〇一年，他九十歲。有一天，他和夫人蔣英相互依偎著，坐在公園裏，遙望月亮上的隕石坑的時候，他不知道在草地不遠處，有一位美麗的女教師正領著一群小朋友，也坐在那裏看星星。

女教師指著遼闊的星空說：「孩子們，你們知道嗎，在那些像寶石一樣閃爍的星星裏，有一顆國際編號為 3763 號的小行星，就是用錢學森爺爺的名字命名的，它的名字就叫『錢學森星』……」

二〇〇九年十月三十一日上午八時六分，一代科學大師錢學森在北京逝世，享年九十八歲。

那麼，他長長的一生的故事，我們該從哪裏講起呢？

啊，就從他出生的那個冬天講起吧……

目錄

出版說明 002
導讀 004
雪落江南 012
數星星的孩子 019
男孩遊戲 026
兩小無猜 033
少年有夢且繽紛 037
兩個「一百分」 047
航空的夢想 055

誰言寸草心 061
星空茫茫 067
恩師 074
火箭俱樂部 081
愛的童話 088
歸心似箭 094
大手牽小手 101
「失蹤」的爸爸 106
祁連山下 112
西北望，射天狼 122
天上的樂曲 129
「錢學森星」 133

雪落江南

好像是一隻一隻從天外飛來的白蝴蝶，好像是一朵一朵從遠方飄來的蒲公英，輕柔的雪，在黃昏的時候靜靜地落啊，落啊……

落在高高的山頂上，落在山毛櫸和馬尾松的葉子上，落在密密的灌木叢中，落在深深的河谷裏，落在空曠的田野上，落在小木屋的屋頂上，落在河邊停止了轉動的水車上，落在牛欄的牆上和村邊的草垛上，落在靜靜的曬穀場與村邊的道路上……

一九一一年的冬天，比往年來得要早得多。

中國北方，厚厚的大雪早就覆蓋了大地，成了白茫茫一片。還沒到農曆的冬月，長江兩岸也開始飄起雪花來了。

不一會兒，潔白的雪就蓋住了所有的山林與村莊，也蓋住了黃浦江和蘇州河邊那些高高矮矮的屋頂、牆頭和煙囪。

這時候，在江南，在江南那些小小村鎮的淡藍色的炊煙裏，在蘇州河兩岸那些窄窄的小巷裏，家家都會炒著香噴噴的冬米糖。

香甜的冬米糖，一夜之間就會甜透整個冬天裏孩子們的夢……

這一年十二月十一日，錢學森出生在上海租界裏的一所教會醫院裏。

當時，因為清政府的腐敗和軟弱，帝國主義列強依仗著堅船利砲，打開了中國的大門。

中國戰敗後，清政府被迫與列強簽訂了恥辱的《南京條約》，其中有一項內容就是：中國必須對外開放上海等五座城市為通商口岸，方便帝國主義列強自由來往。

這樣，黃浦江和蘇州河交匯處的吳淞口，也就是今天的上海外灘一帶，很快就成為英國軍艦任意停泊的地方。

當時，英國竟然厚顏無恥地提出，要把這個地方買下來，以便他們控制黃浦江和吳淞口。

談判的結果是，按照當時的《大清律例》，土地不能賣給外國人，但是可以出租給他們。於是，中國歷史上的第一個租界——英國租界，在上海出現了。

緊接著，美國、法國、日本等，也都在上海、天津、漢口、廣州等城市，建立了租界。可以說，租界，是刻在中國一些城市歷史和記憶中的一種屈辱。

同時，因為大量的外國人在租界內進進出出，租界內的各種生活和娛樂設施，如教堂、醫院、學校，還有書店、音樂廳、餐廳、咖啡館等，也都建立得比較齊全，租界往往也成了當時那些城市裏最熱鬧、最繁華的地方。

上海，當時已是中國為數不多的幾座現代都市之一。上海租界裏的教堂和以教會名義創辦的醫院、學校、書店等，也成為十九世紀末、二十世紀初進入中國的西方文明的標誌。

錢學森出生的那個年代，上海、蘇杭一帶的普通人家，如果家裏有孕婦臨產，大人一般都會請一位以接生為業的「接生婆」（也叫「接生姥姥」或「吉祥姥姥」）到家裏來，為產婦接生。這也是舊時大多數普通家庭最常見的接生方式。

錢學森的父親接受過西方教育，加上家庭條件比較優越，所以，錢學森將要出生時，錢家把產婦送進了租界裏的教會醫院待產。這種選擇，也代表了一種「文明程度」，可能比當時生活在上海地區的一般大戶人家的文明程度還要高。

這就要說到錢學森的家世了。

用今天的眼光來看，錢學森出生在一個名門望族的家裏。

錢學森的祖籍是浙江杭州。據說，錢氏家族要從五代時期吳越國的建立者錢鏐算起，迄今已有一千多年了。

史書記載，錢鏐臨終時留下了十條「錢氏家訓」，包括心存忠孝、愛兵恤民、勤儉為本、忠厚傳家等。

一代代錢氏子孫，都恪守這些家訓，使得這個家族一直是江南一帶的望族。

尤其是到了明、清和近代，錢氏家族湧現出眾多的政治家、文學家、科學家等各界名流。

錢學森的祖父錢承鐵，是錢鏐的第三十一世孫，曾是杭州一帶的絲綢商人，家境殷實。

錢學森的父親錢均夫，年輕時懷抱「教育救國」的夢想，到日本留學。回國後，在上海成立了「勸學所」，藉以施展興教救國的抱負。

一九一一年，也就是錢學森出生的這一年，錢均夫出任浙江省立第一中學校長。可以說，錢學森的父親是中國近代在杭州錢塘一帶有名的教育家。

錢學森的母親，名叫章蘭娟，是杭州城一位富商的女兒。因為家境富裕，她從小就受到了良好的新式教育，不僅知書達禮，而且有著超群的記憶力和數學計算能力。

所以後來有人說，錢學森卓越的科學天賦，也許正是來自他母親的遺傳基因。

按照錢氏家族排輩，錢學森這一輩是「學」字輩。依照家族取名的規矩，名字要沿用「木」字旁。

錢均夫為兒子取了一個響亮的名字：學森。在蘇杭一帶，「學森」與「學深」發音相近。這個名字裏隱含著父母希望兒子長大後，能夠學問高深的美好願望。

錢學森出生這一年，是陰曆辛亥年。

這一年，古老的中國正在經歷一場前所未有的偉大變革——辛亥革命。這場翻天覆地的革命，推翻了中國兩千多年的專制制度，成立了「中華民國」。

一九一二年二月十二日，清朝最後一個皇帝溥儀宣佈退位。

從此，統治了中國兩千多年的專制制度，灰飛煙滅了。

錢學森就在這樣的時刻，哇哇啼哭著來到了這個世界。

在他出生的這一年和第二年，世界科學史上也發生了幾件引人矚目的大事：

瑪麗·居里繼一九〇三年獲得諾貝爾物理學獎之後，在一九一一年再次獲得諾貝爾化學獎；盧瑟福在一九一一年提出了關於原子結構的行星模型；緊接著，尼爾斯·波耳也提出了波耳理論……

天地玄黃，風雲激盪……

古老的中國和外面的世界，正在發生翻天覆地的巨變。

世界在等待著這個孩子早日長大。

數星星的孩子

很小的時候，學森就喜歡坐在夏夜的草地上數星星，遙望月亮上的隕石坑。深藍色的夜空裏，每顆星星都閃爍不停，就像燦爛的寶石。

「看，那是獵戶星座，那是雙子星座……」

他指著遙遠的星空，告訴小夥伴們那些星星和星座的名字。

突然，有一顆流星拖著尾巴畫過了夜空。

他趕忙和小夥伴們一起，在各自的褲帶上打著結。

傳說，這樣做可以撿到很多的錢……

坐在中秋夜的月亮下面，爸爸會給他講解詩人屈原的詩歌：「夜光何德，死則又育？厥利維何，而顧菟在腹？」

這句話的意思是說：月亮呀，你是不是擁有什麼特殊的品性？為什麼能夠缺了又圓，落下了還會升起來？為什麼要把一隻小小的兔子，養在自己的肚子裏？

辛亥革命勝利後，孫中山出任中華民國臨時大總統。

這時候，南京臨時政府任命教育家蔡元培先生為教育總長。蔡元培到處延聘教育人才到教育部任職，聘請了錢學森的父親的一位同窗好友許壽裳，到南京擔任教育部科長。

許壽裳在日本留學時不僅和錢均夫是同窗，還介紹錢均夫認識了當時也在日本留學的紹興人周樹人，即後來的大文學家魯迅。許壽裳到南京後，又向蔡元培推薦了錢均夫、魯迅到教育部任職。

一九一四年早春，因為中華民國臨時政府已從南京遷到了北平，錢學森的父親便攜帶全家老小，也從江南遷到了北平。

錢均夫在教育部擔任視學，一直到一九二九年才離開教育部，回到故鄉杭州，在浙江省教育廳繼續任職。

到了北平，錢家住在離北洋政府教育部不遠的一座老四合院裏。

這時候，學森已經三歲了。

學森的媽媽是一位大家閨秀，蘭心蕙質，性格溫柔，說起話來總是細聲細語的。所以，學森從小就覺得，媽媽的聲音總是那麼溫柔，那麼美……

許多年後，他回憶說：「我的母親是個感情豐富、淳樸而善良的女性，而且是個透過自己的模範行為引導孩子行善事的母親。母親每逢帶我走在北平大街上，總是向乞討的行人解囊相助，對家中的僕人也總是仁厚相待。」

學森的媽媽還十分喜歡荷花，在杭州時就經常去西湖荷花池觀賞荷花。因為北方很難見到荷花，到了北平後，她就在四合院裏，在一個大魚缸裏種植了幾株荷花。

一到夏天，魚缸裏就會鋪滿碧綠的荷葉，細長的、尖尖的荷莖就會挺出水面，開出三朵兩朵秀美的荷花。

北平最美的季節是秋天和冬天。

尤其到了冬天，下起了大雪，爸爸會和他一起，在院子裏滾雪球、堆雪人、打雪仗……

長長的夜晚，學森會坐在客廳裏，安靜地聽媽媽給他說故事。

不過，聽著聽著，他的目光又被窗外的月亮和星空吸引過去了。

他爬到窗戶上，伸出雙手，好像要去摘下一顆星星來。

由於媽媽的悉心引導和培育，學森三歲時就能背誦上百首唐詩、宋詞，還學會了用「心算」做一些加減乘除的數學題。

等到學森又長大了一點兒的時候，他就開始喜歡追著爸爸問這問那了。

有一天，他捧著書跑進書房裏，問爸爸：「爸爸，《水滸傳》裏說，那一百零八個英雄，是一百零八顆星星下凡變成的。那麼，世界上的大人物，那些為人類做出了貢獻的偉人，也是天上的星星變的嗎？」

爸爸停下手上正在做的事，認真想了一下，回答他說：「學森呀，星星下凡，只是人們的一種幻想，是古代人的一種美好願望。其實，所有的英雄和偉人，像張衡、祖沖之、諸葛亮、岳飛、文天祥，還有孫中山呀，他們都是普通人，只是他們從小就愛動腦筋，有遠大的志向，不怕任何困難，所以才能做出驚天動地的大事情。」

「哦，原來英雄和大人物，都不是天上的星星變的！那我長大了也可以成為英雄啦？」

「當然能啊！」爸爸高興地說，「自古英雄出少年嘛！只要你從小就立下美好的志向……」

爸爸的話，他牢牢地記在了心裏。

在錢學森的幼兒時期，中國兒童的啟蒙教育，主要還是透過私塾教育來完成的。私塾裏教給小孩子的，大都是《三字經》、《弟子規》、《百家姓》、《千字文》之類的蒙學讀物。

這裏面有中華民族傳統的美德和禮儀規範，但也存在一些比較僵化的東西，它們往往限制和束縛著兒童的想像力、創造力，也缺少天然的兒童遊戲和快樂精神。

錢均夫是一位接受過西式教育、接觸過西方文明的教育家。他沒有把兒子送到傳統的私塾去啟蒙，而是把兒子送進了新式的「蒙養園」去度過短暫的童年時光。

蒙養園，最初出現在清朝末期，也叫蒙養院，一九一二年改名為蒙養園。當時，北平只有一家蒙養園。

「蒙養」，就是「蒙以養正」的意思，即對幼童的啟蒙要「正本慎始」，不可馬虎大意。蒙養園是中國最早向西方學習兒童教育時，所引進的一種先進的、具有現代兒童教育精神的幼童學習模式，後來漸漸演變成今天的幼兒園。

爸爸對學森的教育，從一開始就循循善誘，十分注重培養孩子對讀書的興趣，對一切未知的事物的好奇心。

所以，只要是星期天或其他閒暇時間，爸爸時常會帶著學森去公園和郊外遊玩，讓孩子回到大自然的懷抱裏。

有一次，爸爸帶學森去香山玩。看著滿山的紅葉和高遠的天空，學森幼小的胸腔裏好像也鼓盪起呼呼的風聲。

這時候，他看見遠處的天空中正盤旋著一隻老鷹。

學森忍不住說道：「爸爸，我要是那隻老鷹該多好啊！那我也能在天上飛了！」

爸爸說：「人當然變不成老鷹啦。不過，知識和想像力，可以為人們插上飛翔的翅膀……」

後來，錢學森曾深情地回憶說：「我的第一位老師是我的父親。」

男孩遊戲

一九一七年前後，當中國的許多仁人志士正在漫長的黑夜裏尋找救國出路的時候，在世界科學技術史上，又發生了好幾件可載入史冊的大事：

一九一三年，美國科學家羅伯特．戈達德開始進行火箭實驗；

一九一六年，愛因斯坦創立了廣義相對論；

一九一八年，德國物理學家普朗克因為提出量子論，獲得諾貝爾物理學獎；

一九一九年，羅伯特．戈達德寫成了〈到達極高空的方法〉，後來被人們尊稱為「美國現代火箭學之父」；

……

這時候，錢學森正在北平的小學裏念書。

一九一七年，不滿六歲的錢學森，進入國立北京女子師範學校附屬小學校，即今天的北京市第二實驗小學，成為全班年齡最小的學生。

念完三年初小後，錢學森又轉入國立北京高等師範學校附屬小學校，即今天的北京市第一實驗小學繼續念書。

北京高師附小，是當時教育部的一所具有研究和實驗性質的現代小學，創立於一九一二年，首任校長是當時國立北京高等師範學校的校長陳寶泉先生。一所大學名校的校長兼任小學校長，可見國家對這所小學的重視程度。

當時，陳寶泉為這所小學名校制定的辦學方針是：「吸納世界最新學理加以試驗，為全國小學改進之先導。」

錢學森和他的小夥伴們在這樣一所教育理念極其先進的小學裏，如魚得水，幼年的心智得到了很好的發展。

這時候的錢學森像很多小男孩一樣，頑皮好動，聰穎伶俐，無論什麼事都喜歡動腦，多問個「為什麼」。

比如，小學課間時，男孩們喜歡在一起玩用廢紙摺的飛鏢。

每次比試，總是錢學森扔得最遠，投得最準。

小夥伴們不服氣，拿過他的飛鏢仔細檢查，想看看裏邊到底搞了什麼「鬼」。

這事正好被自然課的老師撞著了。

老師讓學森再擲一次，飛鏢還是扔得又遠又準。

老師說：「學森同學，請你告訴大家，這裏面到底有什麼奧祕吧。」

「哪有什麼奧祕呀！」他笑嘻嘻地拆開飛鏢給小夥伴們看。

原來他摺疊的飛鏢有稜有角，特別規正，所以投起來空氣阻力很小；投扔時又會利用風向風力，難怪每回都數他投得最遠最準呢！

小夥伴們按照學森的講解，重新改進了自己的飛鏢。

那麼多飛鏢一齊擲出去，每一個都扔得又穩又遠了……

其實，這小小的紙摺的飛鏢裏暗含著空氣動力學的原理。

雖然這時候學森還不可能懂得這麼深奧的科學原理，但他善於動腦筋，而且能發揮自己的想像力和動手能力。

錢學森小學的時候，不僅僅是國語、算術、自然等課程的成績很好，總是名列前茅，他的興趣和愛好極為廣泛，對書法、美術、音樂等，也都喜歡。

那時候，每天放學回家後，他都要畫畫、練字、聽音樂。他在藝術方面的興趣，一直持續了一生。在中國科學家當中，他極力提倡文學、藝術和科學應該更多地融合，呼籲人文科學、自然科學這「兩種文化」能夠互相交流，取長補短，這樣才能給世界的文化和科學發明帶來更大的進步。

他的爸爸在他很小的時候，就注意到了他對文藝的興趣。所以，在他童年時代，爸爸還特意請了一位當時在京城很有名氣的畫家，來家裏教學森繪畫。

念小學時，錢學森還有一位「書法老師」，就是他在高師附小的小學班主任兼書法課老師——于士儉老師。

錢學森晚年的時候，曾回憶在自己的一生中，給予過他深刻影響的人，總共有十七位。

按照時間順序，最早給他影響的人，當然是他的爸爸和媽媽。接下來的第三位，就是于士儉老師。

于老師給錢學森的影響就是「廣泛求知，寫字」。

錢學森這樣回憶說：「于士儉老師教我們書法課。小學生可以按照自己的愛好，選擇顏真卿、柳公權、歐陽修、趙孟頫等人的字帖臨寫。于老師如果看學生寫得不太好，就坐下來，照著字帖臨寫一個字，一筆一畫地教。他寫什麼體的字，就極像什麼體的字，書法非常好，使你不得不喜愛書法藝術。」

錢學森後來幾乎所有的手稿，都是字體端正，一絲不苟。這與他在小學時代受到了這位于老師的影響是分不開的。

周恩來的妻子鄧穎超，早年她也曾在高師附小擔任過教師。

雖然鄧穎超沒有親自教過錢學森，但許多年後，有一次相見時，已經成為赫赫有名的大科學家的錢學森，仍然恭敬地「執弟子之禮」，尊稱鄧穎超為「鄧老師」。

錢學森幼年時，爸爸經常教他念誦一些美麗的文言文和唐詩、宋詞。所以，錢學森長大後，一直很感激爸爸給他打了一個很好的文言文的「底子」。

在高師附小時，學森還特別喜歡誦讀梁啟超那篇著名的〈少年中國說〉。他最喜歡、最先背誦下來的是這一段：

「故今日之責任，不在他人，而全在我少年。少年智則國智，少年富則國富；少年強則國強，少年獨立則國獨立；少年自由則國自由；少年進步則國進步；少年勝於歐洲，則國勝於歐洲；少年雄於地球，則國雄於地球。紅日初升，其道大光。河出伏流，一瀉汪洋。……天戴其蒼，地履其黃。縱有千古，橫有八荒。前途似海，來日方長。美哉我少年中國，與天不老！壯哉我中國少年，與國無疆！」

當然，正處在小學階段、天天迷戀著玩紙飛機遊戲的小男孩錢學森，怎麼也不會想到，有一天，那小小的紙飛機，還會變成遠航的大船，載著他跨過遼闊的太平洋，去遠方尋找他的科學理想和救國夢想……

兩小無猜

錢學森的爸爸有一位好朋友，名字叫蔣百里。

錢均夫早年在浙江杭州的求是書院（即今天的浙江大學前身）讀書時，和蔣百里結為「金蘭之交」。

不久，這兩個有志的青年又一前一後到日本留學數年。蔣百里學習軍事，錢均夫研習教育。

蔣百里後來成為中國近代著名的軍事戰略家、陸軍上將和文化學者，被譽為「軍事學泰斗」；錢均夫成了中國近代著名教育家。

蔣錢兩家，一直保持著親密無間的友誼關係。

蔣百里成家後，沒過多少年，家裏就有了五個美麗的女兒，而錢均夫夫婦卻只有錢學森這個獨子。錢均夫和章蘭娟好想也能有個女兒。

可是，想是想不來的。夫婦倆見蔣百里的三女兒蔣英長得十分漂亮，能歌善舞，活潑可愛，就懇求蔣百里夫婦，把已經五歲的蔣英「過繼」給他們，做「乾女兒」。

反正家裏有五個女兒，蔣百里夫婦就慷慨地答應了錢家的請求。

按照當時蘇杭一帶的風俗，錢家還特意張羅了幾桌酒席，請來了一些親朋好友「親眼見證」，讓蔣英正式「過繼」到了錢家。

從此，蔣英改名「錢學英」。小學英和從小照顧自己的一個奶媽一起住進了錢家，成了錢學森的「乾妹妹」和兩小無猜的小夥伴。

後來有一次，在蔣錢兩家聚會時，少年學森和學英當著雙方父母的面，合唱了一曲〈燕雙飛〉。

兩小無猜、青梅竹馬的一對兄妹，唱得純真、自然，讓兩家大人高興得禁不住相視而笑。

這時候，蔣百里好像忽然明白了什麼，低聲對錢學森的爸爸說道：「看來，你錢均夫要走了我的寶貝女兒，恐怕不只是因為缺個女兒吧？」

錢學森的爸爸笑著說道：「豈敢，豈敢！只怕我家高攀不上啊！」看得出來，蔣百里也非常喜歡錢學森這個勤學好讀的少年，他對錢學森的爸爸再三叮囑道：「咱們學森啊，可是個少年天才，你可得好好培養他，說不定這就是未來的愛迪生呢！」

當然，這時候，無論是錢學森還是蔣英都不會想到，孩童時代合唱的一曲〈燕雙飛〉，竟然會成為他們日後相親相愛、結為伉儷的美麗「預言」。

蔣英在晚年曾回憶說：「過了一段時間，我爸爸媽媽醒悟過來了，更加捨不得我，跟錢家說想把老三要回來。再說，我自己在他們家也覺得悶，我們家多熱鬧哇！錢學森的媽媽答應放我回去，但得做個交易：你們這個老三，是我乾女兒，長大了，將來得給我當兒媳婦。後來我管錢學森的父母叫乾爹乾媽，管錢學森叫乾哥。我讀中學時，他來看我，跟同學介紹，是我乾哥，我還覺得挺彆扭。那時我已是大姑娘了，記得給他彈過琴。後來他去美國，我去德國，來往就斷了。」

蔣英後來畢業於柏林國立音樂學院，成為優秀的歌唱家、鋼琴家。當時誰也沒想到，這個原本是過繼給錢家做女兒的錢學英，最後還是嫁到了錢家，成了錢家的兒媳婦。

就在錢學森和蔣英兩小無猜的年月裏，一九一九年，在北平，爆發了一個席捲中國也震驚全世界的大事件，就是「五四運動」。

五四運動，為中國歷史翻開了新的一頁。

五四運動爆發時，錢學森還只有八歲。

五四運動的浪潮，雖然也吹到了他所在的高師附小校園裏，很多的青年教師，每天都在書寫和張貼標語、參加示威遊行。錢學森和他的小夥伴們只能趴在教室裏的窗戶邊，望著那些熟悉的老師，抱著標語紙卷，揮著彩色小旗，忙碌著進進出出的身影。

「天下興亡，匹夫有責。」這時候，在幼小的錢學森心裏，也不時迴響起爸爸媽媽給他講過的那些古代的名言……

少年有夢且繽紛

每個人的童年只有一次，而童年的時光又是多麼短暫啊！

一九二三年，十二歲的錢學森，從國立北京高師附小畢業，升入了國立北京師範大學附屬中學。

北京師範大學的前身是國立北京高等師範學校。錢學森升入中學這一年的七月，國立北京高等師範學校改名為國立北京師範大學，其附屬中學，也就是今天的北京師範大學附屬中學。

小小少年披著滿身朝霞，進入了當時中國第一流的學校。不久後的一天，這所名校將會交給國家一個怎樣的中學生呢？

錢學森晚年曾親筆寫下了一份文件，回憶了在他一生中給他影響最大的人，共有十七位：

1. 父親錢家治——寫文言文
2. 母親章蘭娟——愛花草
3. 小學老師于士儉——廣泛求知，寫字
4. 中學老師：

董魯安（于力）——國文，思想革命
俞君適——生物學
高希舜——繪畫、美術、音樂
李士博——礦物學（十級硬度）
王鶴清——化學（原子價）
傅仲孫——幾何（數學理論）
林礪儒——倫理學（社會發展）

5. 大學老師：

鍾兆琳——電機工程（理論與實際）

陳石英——熱力學（理論與實際）

6.預備留美：

王助—經驗設計

7.留美：

Theodore von Karman

8.歸國後：

毛澤東、周恩來、聶榮臻

這裏寫到的父親錢家治，「家治」是他父親的字。

Theodore von Karman，就是世界著名航空動力學家，也是錢學森留學美國時的導師，被譽為「超音速飛行之父」的馮・卡門博士。

我們看到，在他開列的這份名單中，中學老師竟然佔了七位！而且全部集中在北師大附中。

可見，在北師大附中度過的中學階段，對錢學森的一生有著深遠的影響。畢竟，這既是給他打下了各類知識基礎的階段，也是開啟了他未來的科學探索方向的時期。

據說，在少年錢學森和北師大附中的名師林礪儒之間，還發生了這樣一個小故事——

林礪儒當時是北師大附中的主任，相當於校長，卻並不是錢學森的任課老師。錢學森的父親愛子心切，就特意找到林校長，請他輔導一下自己的兒子。

家長的心情，林校長當然能夠理解，但是他並沒有當即答應，而是出了幾道題，要考一下錢學森。

兩個大人在那裏聊了一會兒天，不知道什麼時候，少年學森跑到外面玩去了。而他的答案卷，已經放在校長的桌子上了。

林校長看了一下學森的答案卷，二話沒說，就收下了這個學生，給他講授和輔導倫理學。

那時候，林校長就在北師大附中力推教育和教學改革，反對那種填鴨式的死記硬背。許多年後，錢學森回憶說：「那個年代，在北平辦學是非常困難的，但是，當時的校長林礪儒先生能把北京師範大學附屬中學辦成質量上乘的第一流學校，實在難能可貴。他實施了一套以提高學生智力為目標的教學方法，啟發學生學習的興趣和自覺性。當時我們臨考都不開夜車，不死讀書，能考八十多分就是好成績，只求真正掌握和理解所學的知識。我在讀書時，沒有死背書，看了許多書，但從不死讀書，而是真正理解書。」

林校長是一位著名的教育家，他先後擔任過北京師範大學校長、教育部副部長。

北師大附中當時分為理科部和文科部，錢學森選擇在理科部學習。

他記得，上數學課時，教幾何課的傅仲孫老師，經常對學生說：「公式公理，定義定理，是根據科學、根據邏輯推斷出來的，在課堂如此，到外面也如此，中國如此，全世界也如此，即使到了火星上，也是如此！」

傅老師的話說得形象風趣，而又斬釘截鐵，給少年學森留下了深刻的印象，讓他第一次領悟到了，嚴謹的科學，科學的邏輯性，應該就像鐵一樣堅硬！

教生物學的俞君適老師，經常把學生帶到野外去上課，有時候還帶著學生去田野裏採集標本，教學生們解剖青蛙、蚯蚓等生物。

有一次，俞老師交給錢學森一條蛇，笑著說：「我聽同學們說，你平時很喜歡玩，也很會玩，那這個任務就交給你啦！」

錢學森囁嚅著說：「老師，這個……一點兒也不好玩喲！」

「你試試看嘛，能不能把牠製成一個標本？不過，這個任務，第一需要膽量，第二需要細心，要有一定的技術。你肯定能行的！」

少年學森得到了老師的信任和鼓勵，第一次親手把一條滑溜溜、冷冰冰的蛇，做成了一個完美的標本。

這是他第一次製作標本，就贏得了老師和同學們的讚賞。

錢學森雖然是理科部的學生，但是在念小學時就特別喜歡文學、美術和音樂。北師大附中當時提倡的是一種「博雅」教育，開設了許多選修課，除了文學、音樂、美術，還有詩歌、外語等。學生們可以隨意選修自己喜歡的課。

錢學森從小就受到父母的薰陶，能背誦很多的古詩文，所以對文學一直很有興趣。在北師大附中讀書階段，他一度十分迷戀寫作，曾用文言文寫了不少散文小品。他對寫作的興趣，一直保留到了老年時期。

中學階段，他對音樂的熱愛和迷戀，也超過了一般的同齡人。

他曾回憶說：「我們的音樂老師也非常好，上課時，他用一部手搖的唱機放些唱片，教我們學唱中外名曲，欣賞各種樂曲，如貝多芬的〈第九交響曲〉等。後來，貝多芬憧憬世界大同的聲響，一直在我心中蕩漾。」

少年有夢且繽紛。在北師大附中讀書時期，因為興趣愛好廣泛，知識面寬博，學森很快就成了一位「品學兼優」的學生。

錢學森後來回憶說：「那時，每次臨考前，大家從不緊張備考，不會因為明天要考試了，而臨時開夜車背誦課本。大家重在理解，不在記憶。不論什麼時候考、怎麼考，都能得到七八十分。」

那時候，他和同學們還有這樣的一個共識：明天要考試，今天趕著備考，那叫「沒出息」。要考試就隨時考試好了，不做任何準備，隨時都能應考，這才叫「真本事」。因此，這些學子才有更多的時間和心思，去熱愛和涉獵文學、詩詞、繪畫、交響樂等。

泡圖書館，也是少年學森的一大愛好。

北師大附中有一個藏書還算比較豐富的圖書館。對於錢學森來說，這裏好像是一個「小世界」，是一個小小的「世外桃源」。他每次鑽進這個「小世界」裏，就好像忘記了一切，有時甚至忘記了吃飯，忘記了回教室上課的時間。

讀初中三年級時，有一天，午餐後休息時，同學們聚在一起閒聊。一位學生十分得意地說：「你們知不知道，二十世紀有兩位偉人，一位是愛因斯坦，另一位是列寧？」

大家聽了，都有點兒茫然，便問他：「你是怎麼知道的？」這位同學得意地說：「從圖書館的一本書上看到的啊！愛因斯坦是科學偉人，列寧是革命偉人。」

那時候，愛因斯坦雖然已經創建了相對論，但這些少年學生對這位大科學家還很陌生。

列寧是俄國偉大的革命家，但知道他的同學也不多，更不用說馬克思、恩格斯這些無產階級思想家和革命家了。

這件事好像給了少年學森當頭一棒，讓他明白了，大千世界，萬事萬物，我們所知道的真是極其有限。

所以，從那以後，只要一有時間，他就跑到那個小圖書館裏去，沉迷在書的世界裏。他後來回憶說：「那個圖書館收藏有兩類圖書：一類是古典小說，像《西遊記》、《儒林外史》、《三國演義》等，這類圖書要有國文老師批准才能借閱；另一類是科學技術圖書，我們自己可以借來看。」

少年學森那時候經常去借閱的，主要就是科學技術類圖書。到了高中一年級時，他就去圖書館借來了介紹愛因斯坦的相對論的書來閱讀了。雖然不能完全看得懂，但他從此知道了，愛因斯坦的相對論概念和相對論理論，是得到了天文觀測證實了的，屬於嚴謹的科學論斷。

少年學森的英語基礎，也是在北師大附中學習階段打下的。進入高中二年級時，他又選修了德語。

錢學森在晚年還時常懷念自己的母校北師大附中。他不無自豪地回憶說：「當時高中分文、理科，我在理科。我今天說了，恐怕諸位還不相信，我高中畢業時，理科課程已經學到我們現在大學的二年級了。」

兩個「一百分」

一九二九年九月，錢學森從北京師範大學附屬中學畢業，並以總分第三名的成績，考取了位於上海的國立交通大學機械工程學院，開始攻讀鐵道機械工程專業。

今天，人們說起錢學森，都知道他是中國航太工程的奠基人、導彈專家，卻很少有人知道，他當初是學鐵道機械工程的。

當年考取交大的前三名高材生，第一名是錢鍾韓，後來成為著名的工程熱物理和自動化專家，中國科學院院士；第二名是俞調梅，曾任上海同濟大學教授，武漢長江大橋、上海寶山鋼鐵廠科學技術顧問。

我們在前面講過，錢學森在北師大附中接受的，是一套以啟發學生興趣和智力為目標的興趣教育和博雅教育，他非常喜歡和認同這種教育風氣和教學方式。無論是老師還是同學，都是「不以分數高低論英雄」的，能考八十分以上的，就是好學生。

但進入交通大學後，錢學森發現，交大的教學方法與北師大附中寬鬆的教學方法是完全不同的，對學生們學業上的要求，也非常嚴格和苛刻。

學校裏有規定：凡是重要課程的課文，學生都必須熟讀和硬記原文；對考分的要求也很明確，只有考到了九十分以上，才能算優等生。

剛入學第一年，錢學森還像在北師大附中時一樣，對分數並不在意。對學校開設的各門課程，錢學森憑著中學時打下的堅實基礎，沒費多大力氣就能應付了。只不過，他得到的分數，總是一般般。

到了大二時，錢學森發現，同學們好像都在為分數而奮鬥，都在以分數論英雄，以分數評判誰是「優等生」。

當時，這些從各地考來的高材生，私下裏按照中學學校的不同，大致分成了兩派：一派是北師大附中派，簡稱「北平派」；另一派是江蘇揚州中學派，簡稱「揚州派」。兩派學生暗中較勁，互不相讓，在學習成績上形成了你追我趕的競爭局面。

錢學森少年氣盛，滿懷恃才傲物的自信。

他想，為了維護自己的母校北師大附中的榮譽，哪怕從心底裏不贊成這類「分數大戰」，但作為「北平派」的「主力隊員」，他絕不能服輸，必須以絕對的優勢，「碾軋」對手！

因此，這個時期，他發揮了自己的強項，學習成績直線上升，幾乎門門都考九十分以上。

這場雖然無聲卻爭鬥激烈的「分數大戰」，持續了整整一個學年。以錢學森為主力的「北平派」，一個個愈戰愈勇、鬥志昂揚！可憐那些「揚州派」同學，一個個則是「楊柳岸，曉風殘月」，終於不敵來自皇城根兒的北方「優等生」們，最後只好甘拜下風了。

在交通大學，多少年來，一直流傳著錢學森在這場「分數大戰」中留下的「兩個一百分」的故事。

它們不是後來人演繹出來的傳說，而是當時真實的校園故事。

一九三三年，二十二歲的錢學森正在鐵道機械工程系讀三年級。

講授水力學的一位教授，名字有點兒奇特，名叫金愨。

這個「愨」字，是「誠實謹慎」的意思。

六月二十四日這天，水力學考試後，金愨老師把考卷發下來，給大家講評道：「第一名錢學森，一百分，滿分！」

這位金教授平時有個特點，每次考試時，他都會故意設置一兩道超難的題目，也許是想故意壓一壓那些太過自信的「優等生」的傲氣吧。

但他沒有想到，錢學森竟然全做對了。

金老師從講台上拿起第一份考卷，笑咪咪地遞給了錢學森。

這時候，「北平派」的同學都報以熱烈的掌聲。

「揚州派」的同學，一個個又是羨慕，又是歎息道：

「厲害啊學森，又是滿分啊！」

「沒辦法，『北平派』這次又搶鋒頭了！」

可是這時候，錢學森卻在滿腹狐疑地審視著自己的卷子。

因為這次考試，剛一交完卷，他就發現，自己有一處留下了筆誤：在運算一個步驟時，他一時疏忽，將一串公式中的「Ns」寫成了「N」。

他試著計算過了，這個筆誤，按照老師平常嚴格的打分標準，至少要被扣掉四分。

而此時，老師卻宣佈自己得了滿分！

「難道是……我自己記錯了嗎？」學森一開始還有點兒猶豫不決。等他看完了老師批閱的試卷，他堅信，那一處清清楚楚的筆誤，連金老師也沒有發現。

這時，錢學森毫不猶豫地舉手報告說：「對不起，金老師，我不是滿分。」

全班頓時一片寂靜。金老師也有點兒莫名其妙了。

只見錢學森站起身，恭敬地把考卷送到講台前，向金老師指出了自己的這個筆誤。

金老師仔細地看了一遍，抬起頭，望著學森，肯定地點了點頭，立刻把試卷改成了

「九十六分」。

不過，金老師接著就大聲對同學們說道：「錢學森！儘管因為這個筆誤，他被扣掉了四分，但是，同學們一定要記住，這種實事求是、一絲不苟的嚴謹態度，正是做學問和從事科學研究必不可少的前提！從這一點上說，錢學森同學，你在我心目中，仍然是滿分！你們說，是不是？」

全班同學，再次對錢學森報以熱烈的掌聲。

一九八〇年，錢學森回到母校交通大學，看望自己的老師們。

這時候，年老的金教授拿出了當年的這份試卷，向大家回憶起了這個「一百分」的故事。

現在，錢學森的這份試卷，就被珍藏在上海交通大學檔案館裏。一九九六年，上海交通大學建校百年慶典上，作為一份珍貴的歷史檔案，這張試卷首次被公開展示，也成為交大校史上最為有趣，也最為人們津津樂道的校園故事之一。

第二個「一百分」的故事，是一份實驗報告。

在交通大學學習期間，錢學森特別重視實驗課，無論做什麼實驗，都非常認真仔細，一絲不苟。

有一次，老師佈置熱工實驗。

錢學森寫出的實驗報告特別詳細，長達一百多頁，完整、詳盡地記錄了他在實驗中觀察到的各種現象和細節，而且書寫工整，圖畫標識十分清晰。

負責熱工實驗的老師陳石英教授看了，為之驚歎，認為這才是最符合「高標準」的實驗報告，於是，就給了一百分的滿分。

要知道，給一位學生做的實驗報告打一百分的成績，這在交通大學歷屆學生中是極其少見的。

這份滿分的實驗報告，不僅成了交通大學機械工程系歷史上最佳的學生實驗報告，也是交通大學校史上的一份珍貴的「文物」。

錢學森在交通大學讀書時期，交大的校規是十分嚴苛的。按照當時的校規，考試科目有百分之三十以上不及格的，不准補考，只能留級；超過百分之五十不及格的，只能退學。所以，能堅持到畢業時，各科成績平均八十分以上的學生，寥寥可數。

錢學森每一學年的平均成績，都在九十分以上。按照學校規定，平均成績九十分以上的，可獲得獎學金。錢學森是獲得這項獎勵的少數優秀學生之一。

航空的夢想

在那古老而遙遠的年代裏，我們的祖先曾經做過無數美麗的「飛天夢」。他們幻想著用自己智慧的雙手，打造出一把「金鑰匙」，去打開通往藍天的路徑。

如果你去過敦煌莫高窟，走進那些大大小小的洞窟裏，你會看見許多生動的彩塑和壁畫上也描畫著美麗的「飛天」。

我們的祖先把人類在太空自由飛舞的形象刻劃得活靈活現、栩栩如生。

東漢時期的科學家張衡，還發明和製造出了一種可以飛翔的「木鳥」。在五百多年前的明代，一個名叫陶成道的人，曾擔任過「萬戶」的官職，也突發奇想，想用「火箭」作為動力，載著人飛到天上去。於是，他坐在一把捆綁著四十九支「起火」的椅子上，手持兩個大風箏，幻想著能夠飛上天空……

雖然萬戶的飛天夢想並沒實現，但是他的想法和思路，給後人留下了寶貴的啟示。

為了紀念中國古代這位「火箭載人」飛行的「幻想者」和「預言家」，現在，月球上有一座隕石坑，就是以「萬戶」的名字命名的。

飛向藍天，飛向太空，飛向月球……

這是中國人千百年來一直在追求的一個偉大的夢想！

馮如是中國近代第一位飛機設計師、製造者和飛行家。他出生在華僑之家，祖籍是廣東恩平。他從小喜歡製作風箏和車、船等玩具，喜歡《山海經》裏的神話故事，特別是一些「飛天」故事。

十二歲時，他跟隨父親飄洋過海來到美國謀生，在舊金山給人家打零工。他勤奮好學，一邊工作一邊自學，二十三歲時就成為一名非常出色的工程師。

在美國，他目睹了那裏的先進工業，心中暗暗思忖：中國要富強，必須依靠發達的工業技術。在詳細瞭解了萊特兄弟的故事之後，他也開始研究一些機械的製造，然後悄悄開始了飛機製造。

當時，偉大的革命家孫中山先生正在舊金山從事革命活動。他鼓勵馮如製造出飛機，為國爭光。

然而，要研製出一架飛機，談何容易！首先遇到的困難就是缺乏資金。馮如變賣了自己所有的家產，仍然不能解決問題。於是，他開始到當地華僑中去做宣傳，募集資金。最終，馮如募集到了一千多美元，辦起了中國人的第一家飛機製造公司。

一九〇七年九月，馮如和他的助手，朱竹泉、朱兆槐、司徒璧如一起，在那裏附近租了一間廠房，開始了艱辛的研製工作。

當時萊特兄弟的飛機剛剛起飛成功沒多久，他們的所有資料全部封鎖了起來，沒有外傳。馮如他們只能靠自己掌握的空氣動力學的知識，白行繪製設計圖紙。

一九〇九年，經過無數次的失敗和反覆試驗，馮如終於製成了一架帶前升降舵的雙翼飛機。這架飛機採用了新穎的菱形結構，大大減輕了重量，四五個人就可以把它抬起來。這年十月，馮如和他的朋友們一起抬著飛機，走進了舊金山國際飛行比賽賽場……

最後，比賽主辦者滿懷敬意地把國際航空協會甲等飛行員的優等證書，頒發給了飛行技藝高超的馮如先生。前來觀看比賽的海外華僑們，激動地把馮如舉了起來，拋向空中。

馮如製造飛機成功後，不少外國人爭相高薪聘請他，但他毅然拒絕了他們的優厚待遇。一九一一年，也就是錢學森出生那一年，馮如攜帶著自己製造的兩架飛機，千里迢迢返回了中國，投身到航空事業之中。

一九一二年八月二十五日，在一次飛行表演中，馮如駕駛的飛機失控墜落了。他身負重傷，臨去世前，他捧著飛機模型對學生說：「不要難過，也不要喪失前行的信心，災難是難免的。」

二十八歲的馮如先生，為中國的早期航空事業獻出了年輕的生命，但後世的人們會永遠銘記這位了不起的中國航空先驅。

在馮如先生為中國的航空事業殞身十九年之後，一九三一年，日本在中國東北發動了震驚中外的「九一八事變」，輕易地侵佔了瀋陽、長春等二十多座城市。僅僅四個月內，東北三省就全部淪陷在敵寇手中。

佔領東三省後不久，日本又將目標投向了上海。一九三二年一月二十八日，上海的日軍向駐守在閘北的中國軍隊發動了突然襲擊，駐守在上海的國民革命軍第十九路軍官兵與上海人民奮起反抗，淞滬會戰由此打響了……

在這場戰役中，日軍曾出動三百多架飛機、八十多艘軍艦，圍攻孤軍奮戰在上海的中國軍隊。

淞滬會戰，讓這個熱血青年第一次親眼看到，也痛苦地感受到了，國家在科技和軍事方面落後於人，直接導致的挨打和亡國之痛！

日本軍隊憑藉著空軍優勢，牢牢掌握了制空權。日本的飛機肆無忌憚地對中國軍隊進行空中轟炸，給中國軍隊和無數平民百姓帶來了慘重的傷亡。

中國也必須擁有自己強大的空軍！發展中國的航空事業，刻不容緩！當時的許多有識之士，已經形成了一種共識。

正是在這種背景下，錢學森的母校交通大學，在一九三三年下半年，開設了一門航空工程課程。

錢學森在即將畢業的那一學年裏，毫不猶豫地選修了這門課程。

當時，全校選修這門課程的共有十四名學生。連續兩個學期，錢學森的成績都是這十四名學生中最為優秀和突出的。

他的心中迴響著孫中山先生曾經提出的一個口號：航空救國！是的，「航空救國」這四個字，正在驚醒飽受了戰爭之痛的中國人。

一九三四年六月三十日，錢學森以總平均分數八十九點一分的成績，從交通大學機械工程學院畢業。

這個成績，是機械工程學院那屆畢業生中的第一名。

許多年後，錢學森回憶說：「我要感謝那時的老師們。他們教學嚴，要求高，使我確實學到了終生受用的知識。」

諶言寸草心

錢學森大學畢業的那個年代，在清華大學，設立有一個可以公費去美國留學深造的「庚子賠款」資助項目。

「庚子賠款」，是指一九〇〇年八國聯軍攻入北京後，清政府被迫與帝國主義列強簽下了一個喪權辱國的《辛丑條約》，條約議定：清政府賠償俄、德、法、英、美、日、意、奧八國及比、荷、西、葡、瑞典和挪威六個所謂「受害國」的軍費、損失費計四億五千萬兩白銀，賠款期限從一九〇二年至一九四〇年，加上每年的利息，本息合計九億八千多萬兩。因為一九〇〇年是陰曆庚子年，所以被稱為「庚子賠款」。

這筆巨額賠款，折合成美元計算，美國分到了兩千五百萬美元，是它實際向中國索賠數額的兩倍。

一九〇八年，經過多次交涉，當時的美國總統西奧多·羅斯福，經過美國國會同意，願意把所得的「庚子賠款」中的一半，退還給中國。

當時，清政府希望用這筆錢去建設鐵路、開鑿礦山。美國政府卻提出，用這筆錢建立一項基金，作為資助中國公派赴美的留學生的費用。美國人是希望用這筆錢，吸引中國留學生赴美學習，造就一批接受美國教育的中國菁英，達到美國將來能「影響中國」的目的。

一九三四年夏天，錢學森從上海來到南京，參加了一年一度的清華大學留美公費生的考試。

當時，考場沒有設在北平的清華大學，而是設在南京的中央大學。這一年，全國只招收二十名留美公費生。而二十個名額中，「航空門（機架組）」，也就是「航空機架」專業僅佔一個名額。

這個「航空機架」，就是飛機機架的設計和製造。飛機除了發動機之外的主要部份，就是機架。

考試結束後，不到兩個月，醒目的通告出來了：

「航空門（機架組）一名：錢學森。」

這也意味著，錢學森未來的專業方向，不再是鐵道機械工程，而是航空機械工程了。

他是在朝著「航空救國」的夢想，義無反顧地邁進！

和他同一年考取留美公費生的，還有後來成為考古學家的夏鼐，成為物理學家的王竹溪，成為氣象學家的趙九章，成為水利學家的張光斗，成為植物生理學家的殷宏章……

現在看來，錢學森選擇了「航空救國」的道路，並不是毫無準備的。他在交大讀書時，仍然保持著經常去圖書館看書的習慣。從他在圖書館時常尋找和閱讀的一些書的內容來看，他其實已經開始在為日後選擇「航空救國」的志向，悄悄地做著知識上的準備了。

他回憶說：「對圖書，特別是對科技書，那真是如飢似渴，什麼科目的書都看。我是學機械工程的，常去找有關內燃機的書……四年級的學業是蒸汽機車。但是到圖書館借讀的書絕不限於此，講飛艇、飛機和航空理論的書都讀，講美國火箭創始人戈達德的書也借來看。我記得還借過一本英國格洛爾寫的專講飛機機翼動力學的書來讀。當時雖沒有完全讀懂，但總算入了空氣動力學理論的門，這是我後來從事的一個主要的專業。」

就在他剛拿到留美公費生錄取通知的日子裏，有一天，他在翻閱一沓過期的舊報紙時，突然看到了一個令他感到悲傷和惋惜的消息：

偉大的女科學家瑪麗・居里，在不久前的七月四日，不幸與世長辭了！

居里夫人是因為科學實驗，不斷地接觸到放射性物質，最終死於白血病。

這一天，錢學森心情沉重地重溫了這位女科學家留給世界的一段名言：「如果你希望成功，應當以恆心為良友，以經驗為參謀，以當心為兄弟，以希望為哨兵……」

居里夫人去世的消息，讓錢學森頓時又想到了自己的母親。

就在他從交通大學畢業那天，他的父母還專程從杭州來到上海，慶祝他大學順利畢業，並親自迎接兒子回家。

不料，回家後不久，母親就一病不起了。

母親的體質原本就虛弱，病情一天天加重，後來雖經多方求醫，還是未能治癒。

最終，慈愛的母親在這個夏天裏不幸早逝了，年僅四十七歲。

母親的過世，在錢學森心中留下了永遠的遺憾。

在準備出國行裝的時候，錢學森悄悄地把母親用過的一塊手絹，輕輕地放進了自己的行李箱裏。

潔淨的絲綢手絹上，有母親親手繡的兩朵她平生最喜愛的荷花。

那一瞬間，他想，在大洋彼岸，在陌生的異國他鄉，有母親的手絹伴隨著他，也許能時常看見母親慈祥的面容，聞到母親那熟悉的氣息吧……

「慈母手中線，遊子身上衣。臨行密密縫，意恐遲遲歸。誰言寸草心，報得三春暉。」

寂靜的夏夜裏，錢學森默默地念誦小時候母親教給他的孟郊的〈遊子吟〉。此時，母親不在了，不能再給他縫衣服了。但是，母親的恩情，會永遠銘記在他的心中。

這樣想著，他的眼睛裏無聲地淌著滾滾的熱淚……

星空茫茫

一九三五年八月二十日，隨著一聲汽笛長鳴，一艘遠航的大船，緩緩地啟碇駛離了黃浦江碼頭，駛離了吳淞口，朝著浩瀚的太平洋駛去……

這艘大船就是開往美國西海岸西雅圖的「傑克森總統號」郵輪。

二十四歲的青年錢學森，這時候靜靜地站在船舷邊，望著漸漸模糊的海岸，眸子裏閃爍著晶瑩的淚光。他把手伸進口袋裏，輕輕地觸摸著口袋裏的一塊絲綢手絹，那上面有母親親手繡上去的兩朵荷花。

在這艘「傑克森總統號」郵輪上，共有二十名來自全國的清華大學留美公費生。

大海茫茫，星空茫茫……

大船在浩瀚的太平洋上航行了二十多天。

在快要到達西雅圖時，所有的青年學生都換上了潔白的襯衣和整齊的西裝外套，繫上了領帶，然後站在郵輪甲板的欄杆旁和扶梯上，拍下了一張珍貴的合影。然後，每個人又各自選擇不同的背景和姿勢，拍下了一張單人照。錢學森也站在扶梯上，微抬左腿，踏在台階上，拍了一張帥氣的單人照。這張合影和單人照，錢學森一直珍藏在身邊。

大船停泊到了西海岸後，大家留下各自的聯繫方式，然後各奔前程。錢學森要去的地方最遠。他要從西海岸穿越美國內陸，一直走到東海岸的波士頓去。他將在坐落於波士頓的麻省理工學院航空系，開始自己一段嶄新的留學生涯。

一九三五年九月，錢學森正式進入麻省理工學院航空系學習。

麻省理工學院創建於一八六一年，坐落於美國波士頓市的劍橋鎮上，雖是一所私立研究型大學，卻被譽為「世界理工大學之最」。截至二〇一八年，先後有九十三位諾貝爾獎得主，曾在麻省理工學院工作或學習過。像哈佛大學的第二十七任校長勞倫斯・薩默斯，「歐元之父」羅伯特・孟代爾，世界著名建築大師貝聿銘……都是這所大學的校友。

當然，這時候這所大學還不知道，要不了多久，它將因為錢學森的到來，又增加一位赫赫有名的中國校友……

坐在大學校園的綠草地上，錢學森還是那麼喜歡仰望星空。

這倒不是因為第一次生活在異國，多少有點兒想家，特別是想念自己的父親；也不是因為獨處大洋彼岸，內心有一種揮之不去的孤獨感。

坐在異國他鄉蒼茫的星空下，錢學森經常想到的是自己國家的命運，想到中國人無論走到哪裏都無法擺脫的，一種遭受白眼、飽受歧視的不公正的待遇。

所以，在最初進入麻省理工學院的日子裏，錢學森總是有點兒悶悶不樂、鬱鬱寡歡。一位當年也在這裏讀書的美國同學回憶說：「錢是一個不愛說話，又比較害羞的人。」

實際上，錢學森的性格並不是這樣的。他的興趣和愛好極為廣泛，而且樂觀自信，甚至有些爭強好勝。

他的悶悶不樂，是因為他怎麼也沒有想到，過去在上海外灘公園門口看到的「華人與狗不得入內」的牌子帶給他的痛苦，在這裏仍然存在。走在美國的大街上，或去參加一些時事討論會，他不時地還會感受到這種種族歧視。

許多年後，錢學森回憶起這樣一件事情——

有一次，一個美國同學當著他的面，肆意地恥笑中國人抽鴉片、裹腳、不講衛生、愚昧無知，等等。

在這些美國青年眼裏，中國人的形象和精神面貌，仍然停留在鴉片戰爭以前的「東亞病夫」的標籤上。

錢學森忍受不了這種歧視。他聽了那個同學的話之後，立即臉色嚴肅地向他「挑戰」說：「請你不要嘲笑我的國家！我們中國作為一個古老的國家，現在的確比美國落後一些，但是作為新一代的中國人，作為個人，你，你們，敢和我比試一番嗎？無論哪一方面！」

這個同學一聽，頓時意識到自己太放肆了，趕緊和顏悅色地說：「對不起，錢，我……我們比什麼呢？」

「到期末的時候，比一比誰的成績好，如何？」

錢學森的自信很快得到了證實。

當時，有位教授每次考試時，給學生們出的都是十分刁鑽的偏題、怪題，很少有學生做得出來。一些學生就提出了反對意見，認為這是教授有意為難他們。

於是，這些學生一起嚷嚷著，來到了教授的辦公室門口。

這位智慧的教授似乎早就料定這些學生會來找他的，所以，他關著門，只在門上貼出了一份試卷。

同學們覺得奇怪，就上前仔細查看這份試卷。

只見卷面乾淨整潔，每道題的運算過程和最終答案都清晰正確，甚至沒有一處修改和塗抹的痕跡，可以推斷，這份試卷是一口氣很流暢地做下來的。

教授在卷首打了一個大大的「A」，後面還有三個醒目的「+」號。而做出這份試卷的學生，正是來自中國的錢學森。

從此，同學們對錢學森心服口服，再也不敢在錢學森等中國同學面前隨意談論中國人如何愚昧落後的話題了。

錢學森憑著自己的發憤和努力，在麻省理工學院只用了一年時間，就拿到了飛機機械工程碩士的學位。

可是，學習機械工程，就要經常到工廠去參加實踐。當時美國的航空工廠裏，中國學生經常受到歧視，有的乾脆不接納外國學生，只允許美國學生去實習。

所以，一年之後，年少氣盛的錢學森就從飛機機械工程專業，轉向了航空工程理論。

當時，美國的航空理論研究重心不在麻省理工學院，而在位於洛杉磯的加州理工學院。那裏有位馮．卡門教授，是航空理論研究領域的巨擘和權威。

一九三六年十月，錢學森離開大西洋彼岸的波士頓，來到太平洋岸邊的洛杉磯，進入加州理工學院航空系，跟著科學大師，被人們稱為「超音速飛行之父」的馮．卡門先生學習航空動力學。

馮．卡門先生主持的航空實驗室，被譽為人類火箭技術的搖籃。錢學森很快就成了大師最賞識的學生和最信任的助手。

美麗的繁星在閃爍……

星星好像在呼喚著每一個喜歡仰望星空的人。

恩師

一九三六年十月，錢學森轉學到了加州理工學院航空系。

當時，大名鼎鼎的匈牙利科學奇才、空氣動力學家馮・卡門教授，就在這所學校任教。

今天，在月球上有一座隕石坑，就是以他的名字命名。

錢學森慕名來到馮・卡門面前，希望能跟著他學習航空動力學。

馮・卡門打量了一下這個儀表莊重、神情誠懇的中國學生，接著提出了幾個問題讓錢學森回答。

錢學森稍加思索，準確地回答出了他的提問。

馮・卡門心中有數，暗自高興，爽快地收下了這個中國學生。

「孩子，你來自一個古老而偉大的民族！好好學吧，我相信，一個誕生過孔子這樣偉大的思想家的國度，未來一定也能遨遊於航空世界！是的，航空和航太科學，一定能讓你的苦難深重的民族和國家，像鳳凰一樣浴火重生的！」

馮・卡門在晚年寫的一本回憶錄裏，專門用了一章的篇幅，敘述自己最得意的一位學生，就是〈中國的錢學森博士〉。

他像一位師長，也像一位朋友一樣對待錢學森。他清晰地記得，自己第一次見到錢學森時，就深深喜歡上了這個儀表嚴肅的中國青年。他對錢學森說：「到我這裏來吧。你在這裏可以得到你所需要的知識。我相信我們會合作得很完美。」

從此，錢學森成了馮・卡門教授的得意門生。

加州理工學院的教學理念和麻省理工學院有些不同。馮・卡門教授一再強調理、工結合，希望自己培養出來的學生具有自主創新精神。加州理工學院培養學生的目標，也是希望他們能成為具有創新精神的科學家。

馮・卡門曾這樣問學生們：「請告訴我，在你們心中，一百分的標準是什麼？」

有的學生回答說：「當然是每一個題目都答得非常準確啦。」

馮・卡門教授說：「我要告訴你們的是，我的標準，跟你們並不一致。我認為，任何一個工程技術問題，根本就不存在什麼百分之百的準確答案。要說有，那也只是解決問題和開拓思路的方法。」

錢學森聽到這裏，覺得教授的話和他心中的想法不謀而合。

馮・卡門教授繼續說道：「比如說，有的學生的試卷，對問題分析仔細，重點突出，方法是準確的，而且有自己的創新觀點，但是因為個別運算有瑕疵，最後答案錯了；而另一個學生的試卷答案完全正確，但解題方法十分繁瑣，毫無創造性。這時候，按照我的標準，我會給前者一個更高的分數作為獎勵。」

馮・卡門教授的這些話，深深啟發了錢學森對科學上的創新能力和創新精神的思考。

他後來回憶說，在加州理工學院，頂尖的人才很多，他必須和他們「競賽」，才能跑到最前面。而且那裏的創新能力的培養，還不是一小步一小步地「小跑」，而是大踏步地、跳躍式地邁進。加州理工學院更欣賞有獨立見解的學生，如果你提不出超越一般人的新鮮見解，你在那裏是站不住腳的。

有一次，著名科學家、物理系教授保羅．愛潑斯坦，遇到了馮．卡門教授，滿臉喜悅地對他說道：「你知道嗎？你的學生錢學森，有時會來我的班上聽課，錢，才華橫溢！祝賀你有這樣的得意門生！」

馮．卡門聽了，不無自豪地回答道：「謝謝！是的，他很優秀。」

愛潑斯坦是一位猶太人，這時候他又詼諧地問道：「你是否覺得，他的身上有猶太血統？」

「猶太血統？不！他是實實在在的中國人！」

馮．卡門當然明白，這是愛潑斯坦故意在開玩笑。

兩位教授攤攤手，聳聳肩，都開心地大笑起來。

又有一次，在一個學術討論會上，錢學森宣讀了自己的一篇論文後，有位老教授站起來，提出了不同的意見。

錢學森認真地聽完老教授的意見，稍加思索後，堅信自己的推斷沒有錯，十分沉穩的回應了這位老教授的質疑。

這種平等的學術討論，原本也是極其正常的，大家都沒有覺得有什麼不妥。討論繼續進行了下去。

事後，馮・卡門教授笑著問錢學森：「錢，你知道那位紳士是誰嗎？」

錢學森茫然地搖了搖頭，說不知道。

馮・卡門教授大笑著說：「那麼讓我來告訴你吧，他就是大名鼎鼎的馮・米塞斯先生。」

錢學森一聽這個名字，頓時十分驚訝地啊了一聲。

「天哪！原來他是力學泰斗馮・米塞斯先生啊！」

馮・卡門教授說：「我聽說，你們中國有句俗語：初生之犢不畏虎。好極了！」

「不，教授，我要是知道他是大名鼎鼎的馮．米塞斯先生，我是絕不敢站起來反駁他的。」

「不，你做得對，你回答他的那句話，也好極了！」

不久，錢學森獲得馮．卡門教授更深的賞識和信任，幸運地當了他的得力助手。在馮．卡門身邊，錢學森在科學領域成長很快。馮．卡門吸收他進入了他主持的古根罕姆航空實驗室，做了研究生。這個實驗室，後來成為美國火箭技術的搖籃。錢學森是在這裏進行火箭技術研究的最早的三名成員之一。

在錢學森和他的恩師馮．卡門之間，也發生過不那麼愉快的「爭吵」。

有一次，也是在一個學術問題上，師生二人因見解不同，發生了一場互不相讓的爭論。

「吾愛吾師，吾更愛真理。」錢學森堅信自己是對的，一點兒也不肯服輸。

因為爭論得不可開交，馮．卡門教授最後大發脾氣，氣得把一疊論文狠狠地摔到了地上。

錢學森從未見到自己的老師生這麼大的氣，就低下頭，默默地收撿起論文，不聲不響地離開了。

第二天下午，馮・卡門教授突然推開實驗室的門，走到錢學森面前，抱歉地對錢學森說道：「你離開之後，我冷靜地計算了一遍，發現你是正確的，而我是錯誤的，對不起，我錯怪你了！」

「老師，謝謝您的肯定。是我太固執了。」

「不，對待科學和真理，就需要這種固執。」

這件事，讓錢學森終生難忘。馮・卡門先生這種虛懷若谷、真理至上的大師風範，深深影響著錢學森的一生。

火箭俱樂部

一九三八年秋天，馮·卡門先生和加州理工學院院長米立肯，一起飛往華盛頓出席一個會議時，接受了一個重大的研究課題：設計和試製一種助推火箭。試製成功後，可用於軍事行動中。

當時這項研製計畫的代號是「JATO」。

在馮·卡門先生門下，有一位來自波蘭的航空工程研究生，比錢學森小一歲，名叫馬林納。在馬林納的建議下，幾位對火箭研究十分著迷的、志同道合的年輕人，成立了一個「火箭俱樂部」，又叫「火箭社」或「火箭小組」。

錢學森後來回憶說：「馬林納這個人很聰明，小組的其他幾個人動手能力也很強，但他們在理論上不怎麼行，於是找到我，要我幫助他們解決一些理論和計算問題。」

「中國男孩，歡迎你成為『火箭俱樂部』的一員！」

這樣，錢學森這個和他們年齡相仿的「中國男孩」，也被拉進了他們的「火箭俱樂部」。

正好，錢學森在交通大學讀書時，就對火箭一直充滿興趣。「火箭俱樂部」的夥伴們敞開懷抱，擁抱了一位來自中國的「火箭迷」。

一個美麗的星夜裏，錢學森和「火箭俱樂部」的夥伴們一起，向著蒼茫的夜空發射了他們製造的第一枚小火箭。

小火箭帶著他的夢想，向著夜空飛去……

正是從這個「火箭俱樂部」開始，錢學森後來也成為世界著名的火箭和導彈專家，為人類科學事業做出了巨大的貢獻。

當然，這是後話了。

在錢學森跟隨馮・卡門學習的這個時期，第二次世界大戰的硝煙，已經開始瀰漫在全世界的上空。但是，世界科學技術，尤其是航空和航太技術，仍然沒有停止前進的腳步。

這個時期，錢學森在馮．卡門教授的指導下，專心攻研高速空氣動力學。這是當時航空領域最前沿的課題。

那時候，要想實現飛機的高速飛行，必須突破一個難關，那就是「音障」問題。

馮．卡門要求錢學森把這個尖端問題，作為博士論文的研究課題。

當時，許多這方面的專家和研究人員都明白，這是航空領域很多卓有建樹的專家都想解決的課題，卻一直沒有找到解決的辦法。

那麼，把這個課題交給一個剛剛開始攻讀博士學位的研究生，有把握嗎？

馮．卡門對錢學森充滿了信心。

他對身邊的同事說：「錢學森具有高超的想像力，同時也擁有驚人的數學才智，他的天賦，超出了我的預料。」

正是因為有了對錢學森的瞭解，馮．卡門這位匈牙利猶太人科學奇才，對於中國這個古老的東方大國正在蒙受日本軍國主義的侵略和欺凌，充滿了人道主義的同情。

馮・卡門曾說：「在這個世界上，最有智慧的民族有兩個，一個是猶太民族，另一個就是中華民族。」

正是因為有了這樣一位傑出的大師的精心指導，錢學森如魚得水，在空氣動力學研究領域孤身突進，不斷地拿出令人驚訝的研究成果。

自然，那也是一段極其艱辛的、「為伊消得人憔悴」的日子。

錢學森後來回憶說：「我在寫空氣動力學方面的博士論文的時候，把關於空氣動力學方面英文的、法文的、德文的、義大利文的兩百多篇文獻，全部看過，而且進行了仔細分析，以求釐清空氣動力學的來龍去脈。」

經過兩年多的艱難攻關，錢學森最終找到了解決的方法，提出了一個令人信服的解決問題的公式。

這就是著名的「卡門—錢公式」。

這個公式公開發表後，在第二次世界大戰期間，還有之後很長的時期裏，都被廣泛運用在飛機翼型的設計領域。

因為這個著名的公式，年輕的錢學森，不僅順利地通過了博士論文的答辯，也因此成為世界航空領域一顆耀眼的新星。

一九三九年夏天，他獲得了加州理工學院航空、數學博士學位。

博士學位完成後，錢學森面臨著兩個選擇。

一個是返回中國，投入國內正在全面捲起的抗戰洪流中；另一個就是留下來，繼續從事空氣動力學方面的科學研究。

馮．卡門先生像一位慈祥的父親，希望錢學森能留下來，和他繼續合作、研究新的課題。

馮．卡門對錢學森說：「與法西斯作戰，不僅是在看得見的戰場上，你在這裏從事科學研究，也是在為反法西斯聚集力量。」

馮．卡門曾兩次到過中國。

一次是錢學森還在上海的國立交通大學讀書時。自然，那個時候錢學森作為一名大學生，還沒有機會見到自己未來的這位恩師。

另一次是在一九三七年六月，馮‧卡門應邀去蘇聯和中國訪問。他從蘇聯的西伯利亞出發，坐了十天十夜的火車，進入了中國的東北地區，然後越過山海關，到達了北平。

他親眼看到了中國北方的鄉村和城市，在日本侵略者的鐵蹄下所遭受的苦難，以及滿目瘡痍的悲慘景象。

正是這次中國之行期間，馮‧卡門幫助清華大學建立了中國科學研究史上的第一個「風洞」實驗室。同時，他也親眼見證了一個重大的事件：

七月七日下午，他由清華大學工學院院長兼航空研究所所長顧毓琇陪同，乘火車離開北平，前往南京。就在這天晚間，發生了震驚中外的盧溝橋事變……

在這位科學家的內心深處，他既同情和支持中國，同時也清楚地知道，戰時的中國，肯定無法為錢學森準備必要的科學研究條件。所以，他非常不希望看到，一個年輕的科學天才，因為戰爭而就此中斷了自己的科學生涯。

馮．卡門向錢學森談起了他最後一次中國之行，也談到了自己希望錢學森繼續在航空領域有所建樹，以圖將來更好地為自己的國家和民族出力的心願。

最終，馮．卡門先生幫助錢學森做出了這次艱難的選擇。

錢學森接受了恩師的建議，留了下來。

在此後的日子裏，錢學森依靠自己的科學實力，成為以馮．卡門為團長的空軍科學諮詢委員會的成員。當納粹德國投降後，他也隨該委員會考察小組去往歐洲，考察了航空和火箭技術。

一九四七年，三十六歲的錢學森成為麻省理工學院的教授。

他一邊教學，一邊從事研究。他發表了一篇著名的論文〈從地球衛星軌道上起飛〉，為低推力飛行力學的發展奠定了基礎。

愛的童話

在許多美麗的童話故事裏，美麗的公主和英俊的王子，無論經過了多少周折、考驗或磨難，最終都會走到一起，從此過上幸福的生活……

錢學森和他童年時代的那個曾經兩小無猜的「乾妹妹」蔣英的故事，也像一個最美的童話故事。

在他赴美留學的時候，曾和他一起聽爸爸媽媽講故事的小女孩也長大了。這時候的蔣英，就像一位待嫁的漂亮公主，矜持而又優雅。

偶爾在某個場合，有比較熟識的人當著她的面介紹說，錢學森是她的「乾哥哥」時，蔣英會從心裏感到幾絲羞赧。

錢學森赴美前夕，蔣家人曾來錢家為他送行。蔣英也來了。這時候，她的鋼琴已經彈得很不錯了，唱歌更是她的專長。她用她的琴聲和歌聲為錢學森送行，可就是沒有任何一句表達什麼意思的話。

這讓即將獨自踏上異國旅程的錢學森，未免有一點點失望。

在美國留學期間，錢學森和蔣英好像失去了聯繫，並沒有什麼書信來往。保持聯繫的只是兩家父母。

一九三六年，蔣百里曾有一次攜夫人去歐美考察軍事，還特意前往加州理工學院，看望在那裏讀書的錢學森。

讓錢學森喜出望外的是，蔣百里夫婦送給他一張蔣英的單人照片。

這時候錢學森才知道，在他赴美學習之後，蔣英也到德國留學去了。她正在朝著成為一名鋼琴家和女高音歌唱家的夢想前進。

一九四六年，蔣英完成了在德國的學業，回到了上海。

第二年，已經赴美學習了十二載的錢學森，也回到上海看望老父親。「公主」和「王子」，總算又有了一次重逢的機會。

正是這次重逢，就像最美的童話一樣，英俊的王子大膽地向美麗的公主表達了自己的心意。

一對曾經兩小無猜的小夥伴，兩雙手，再一次，也是永遠地、緊緊地牽在了一起。公主披上了潔白的婚紗。

他送給新娘的禮物，是一架漂亮的大三角鋼琴。

「妳的琴聲和歌聲，會帶給我創造的想像和靈感！」他說。

「那我天天彈琴、唱歌給你聽。」她回答說。

一九四七年九月十七日，錢學森與蔣英在上海沙遜大廈舉行了一場西式婚禮。按照主持人的安排，新郎、新娘分別宣讀了神聖的誓詞。

先是錢學森宣讀：

「我，錢學森，真誠地愛慕蔣英女士的品格和才華，我願娶她為妻。我將尊重蔣英女士的獨立人格，並平等地對待她。在我有生之年，我將與蔣英女士同甘共苦。這就是我對蔣英女士發出的神聖誓言。」

然後是蔣英宣讀：

「我，蔣英，願意選擇錢學森先生做我的丈夫。今天在家長及眾位親友面前，我莊嚴承諾：不管將來我們的生活遇到什麼樣的曲折，我對錢學森先生的愛情將永不改變。我永遠是他的好妻子。」

九月二十六日，錢學森先行返美。一個多月後，蔣英也來到了美國。

他們先是在加州理工學院附近租了一座舊樓房，就像兩隻燕子銜來新泥，築成了自己的小巢。

二樓有一間狹小的書房，那是錢學森的工作室。

起居室擺了一架黑色三角鋼琴，這是錢學森送給妻子的禮物。

由於蔣英一直在德國學音樂，來到美國後，英語一時還不能過關。錢學森一有空就為她補習英語，有時還用英語說一些風趣的美國俚語，使蔣英對學英語愈來愈有興趣。

為了能盡早熟練地運用英語，蔣英還試著把一些德語歌曲翻譯成英語，經常哼唱。在很長一段日子裏，從他們居住的那座小樓，不時傳出這對年輕夫妻的歌聲、琴聲和朗朗的歡聲笑語。

「公主」和「王子」相親相愛的童話，也感染了他們周圍的老師和朋友。

馮‧卡門先生後來在回憶錄中談到錢學森的這段生活時，這樣寫道：「錢現在就像變了一個人，英真是個可愛的姑娘，錢完全被她迷住了。」

不久，他們有了兒子永剛、女兒永真兩個可愛的孩子。

那些年裏，錢學森經常去美國各地講學和考察，每次外出，哪怕工作再忙，他都會記得給蔣英買一些最新出版的各類音樂唱片回來。當時，在他們家中，有各種紀念版的、由世界著名樂團和指揮大師演奏的經典交響樂、鋼琴獨奏曲、協奏曲唱片。

蔣英後來回憶說：「那個時候，我們都喜歡哲理性強的音樂作品。學森還喜歡美術，水彩畫也畫得相當出色。因此，我們常常一起去聽音樂會，看美展。我們的業餘生活始終充滿著藝術氣息。不知為什麼，我喜歡的，他也喜歡……」

當然，他們也經常坐在異國的天空下，依偎在一起，像小時候一樣，數著滿天的星星。不一會兒，圓圓的、金黃色的月亮升起來了。

「看，月球上那些隱隱約約的影子，就是隕石坑。」

錢學森指著遙遠的月亮，告訴她說：「那裏的許多隕石坑，都是以一些偉大的科學家的名字命名的……」

「學森，你要加油喲！」她望著他的眼睛說，「有一天，你的名字也會寫在那裏的……」

「謝謝妳，我會努力的！」他輕輕摟著她，喃喃地說道，「妳看，那裏是大熊星座……」

歸心似箭

一九四九年十月，中共建政。

一九五〇年冷戰開始，這時候的美國，對新生的中華人民共和國和共產主義信仰十分牴觸和防範，美國政府甚至規定，所有公司的外籍雇員，也都必須「效忠」美國政府。

在這樣的氛圍裏，美國有關部門認為，錢學森曾在加州參加過一個沙龍聚會，他們懷疑那是共產黨的外圍組織，錢學森很可能是共產主義信仰者，於是，美國軍事部門就取消了錢學森在美國所持有的「國家安全許可證」，禁止他接觸任何機密性的科學研究。

在美國，錢學森和恩師馮・卡門先生合作研究的一些計畫，有的正是有關國防尖端技術，甚至是直接用於軍事。如果禁止他接觸機密性的計畫，無異於終止了他的研究生涯。

可是，錢學森和蔣英都沒有料到，他們的回國之路佈滿了層層荊棘、重重阻礙。

一九五〇年八月三十日美國政府拘捕了錢學森，關進監獄軟禁了起來。美國政府拘捕他的理由是：凡是在美國受過火箭、原子能以及武器設計這一類教育的中國人，一律不准離境，因為他們的才能，有可能被利用來對付在朝鮮的聯合國武裝部隊……

他在特米諾島上被關押了十五天，直到加州理工學院替他交上了一萬五千美元的鉅額保釋金後，他才獲得釋放。從此與美國移民局展開了長達五年的法庭鬥爭。當時美國的海軍副部長丹尼爾．金波爾知道美國政府的行動後也表示震驚：「這是這個國家幹過的最蠢的事。」

在那段最難熬的日子裏，錢學森常常吹著一枝竹笛，排解心中的焦躁。蔣英有時會為他彈一彈鋼琴，兩個人一起演奏一段古典音樂，抒發心中的苦悶。

那些日子裏，為了準備隨時能帶上行李出門回國，也為了躲避美國政府的監視，他們租住的房子一般都只簽一年合同，所以，五年之中竟然搬了五次家。

因為擔心錢學森和孩子們發生意外，蔣英也不敢僱用保母，所有的家務都只好自己動手。一雙本來只擅長彈鋼琴的手，現在也會洗衣服、洗菜、燒飯了。

就在這幾年彷彿被困在鳥籠的日子裏，錢學森一點兒也沒有消沉，也沒有輕易地浪費時光。他一邊尋找和等待回國的機會，一邊撰寫研究專著。他的兩部著名的科學論著《工程控制論》和《物理力學講義》，就是在這段時間完成的。錢學森後來幽默地說，「不讓我做研究，我會在這裏（用手指頭）發展」。

一九五四年，他的《工程控制論》出版了。

這是一門嶄新的技術學科。一九三九年他和馮．卡門先生一起提出了一個著名的「卡門—錢公式」。人們評價說，他所創立的這門學科，足可領先世界數年之久。錢學森因此也被譽為「工程控制論」的創始人。

錢學森在美國受到迫害和活動受到限制的消息，很快就傳到了中國。當時中共對錢學森在美國的處境非常關切，中國政府還公開發表了聲明，譴責美國政府限制錢學森的人身自由。

一九五五年春天，中共國家主席毛澤東曾問周恩來：「在原子彈和導彈研製方面，我們的人才如何？」

周恩來回答說：「我們有這方面的人才優勢，錢三強先生與諾貝爾獎獲得者居里夫人曾在一起工作過；楊承宗和彭桓武兩位先生是從法國、英國回來的放射物理學家；另一位就是在美國『火箭之父』馮·卡門博士門下工作過的導彈專家錢學森教授。我們正在通過各種途徑，爭取讓他早日歸國……」

韓戰結束後，美國對中國的警惕，包括對華政策，稍微有些鬆動了。一九五五年四月，美國方面宣佈取消扣留中國留美學者的法令。

但是，錢學森仍被當作特例，繼續遭到美國政府的監視和控制。

美國政府還對外宣稱，是錢學森博士自己不願返回中國，他是自願留在美國的。這當然是一種掩人耳目、欺騙世人的行徑。

其實，這時候，錢學森正在利用一切機會，尋找回國的可能。

有一天，他在閱讀一份中文報紙時突然看到，他父親的一位老師和老朋友、著名學者和教育家陳叔通先生，也站在天安門城樓上。報紙上披露的陳叔通的身份是全國人大常委會副委員長。

錢學森靈機一動，就以晚輩的身份給陳叔通這位「太老師」寫了一封「求救信」。

一九五五年六月十五日，是錢學森永遠難以忘記的一個日子。

這天，他和夫人蔣英帶著兩個孩子假裝在街上購物和閒逛，看準機會，擺脫了身後如影隨形的「尾巴」——跟蹤他們的美國聯邦調查局幹員。他讓夫人蔣英走進商場，把事先寫好的那封「求救信」投進了郵筒。

這封信當然不會是直接寄往中國的，而是寄給僑居在比利時的蔣英的妹妹蔣華，信中說明，讓蔣華透過在上海的父親，把信件轉寄給北京的陳叔通先生。

時隔多日，陳叔通總算收到了這封從大洋彼岸輾轉寄來的、署名錢學森的「求救信」。

他深感這封信非同尋常，事情重大，當天就把它送到了國務院周恩來那裏。

這時的周恩來也正在為如何幫助錢學森早日歸國而著急。

好了，這下有辦法了！完全可以依據這封信，去反駁美國政府的謊言。

周恩來當即讓外交部火速把信轉交給了正在日內瓦進行中美大使級會談的王炳南。

八月一日這天，中美大使級會談一開始，王炳南就率先對美國大使強森說：「大使先生，在我們開始討論之前，我奉命通知你下述消息：中國政府在七月三十一日按照中國的法律程序，決定提前釋放阿諾維等十一名美國飛行員，他們已於七月三十一日離開北京，估計八月四日即可到達香港。我希望，中國政府所採取的這個措施，能對我們的會談起到積極的影響。」

可是，當他接著提出了讓錢學森回國的問題時，美國方面還在死咬著一個編造出來的謊言：沒有證據表明錢學森自願要求回到中國，美國政府不能強迫和違背他個人的意願。

這時，王炳南就亮出了錢學森寫給陳叔通的那封信，義正詞嚴地駁斥道：「美國政府早在一九五五年四月間就對外宣佈，取消了扣留中國留美學者回國的規定，允許留美學者來去自由。為什麼中國科學家錢學森博士還在六月間寫信給中國政府請求幫助呢？顯然，中國學者要求回國的願望依然受到了阻撓。」

美國政府最終不得不批准了錢學森回國的要求。一九五五年八月四日，錢學森收到了美國移民局允許他離美的通知。

一個多月後，九月十七日，錢學森和夫人蔣英帶著一雙幼小的兒女，登上了「克利夫蘭總統號」郵輪，終於踏上了回國的旅程。

啟程前，錢學森當著眾多記者的面發誓說，從此以後，他再也不會踏上美國的土地……

後來，周恩來在接見歷經曲折、終於回到中國的錢學森時，曾大笑著說道：「學森同志，你可是國家用在朝鮮戰場上俘虜的十一名美國飛行員換回來的大科學家啊！」

大手牽小手

錢學森的兒子錢永剛，曾寫過一篇深情的回憶散文〈大手牽小手——回憶父親錢學森〉。

從這篇文章裏，我們看到了錢學森一家當年在回國途中的一些經歷，還有在他們乘坐的「克利夫蘭總統號」郵輪上的一些真實的生活細節。

那時候錢永剛才七歲，還不太理解「回國」的意義，但是在他和妹妹永真天真懵懂的幼年記憶裏，已經留下了一個印象：只要爸爸走到哪裏，他們就會跟到哪裏。他和妹妹都相信，爸爸、媽媽帶他們去的地方，一定是很好、很美的地方。

我們在船上的艙室很小，許多人給我們送的花籃都擺不下，只好放到船甲板上。可是沒有多久，父親就牽著我的手，走進了一個很大、很漂亮的船艙。這是頭等艙，而我們原來住的是三等艙。那時，我以為是父親買了頭等艙的票。後來才知道，原來，輪船公司按照美國政府的意願，以「頭等艙的票已經售完」為理由，想阻止父親回國。但父親在困難和障礙面前，從來不會回頭，他毅然決然地帶我們踏上萬里歸途。還是同船一位有俠義之心的美國婦女領袖，看到我們全家擠在狹小的三等艙中，憤然出面和船長交涉。她說：「你們就讓這樣一位世界著名的科學家住在三等艙嗎？」

這時我才知道，父親已經是世界級的著名科學家了。

這是留在小永剛童年記憶中最難忘的一幕。

大船要在浩瀚的海洋上行駛很長的一段日子。當永剛帶著妹妹在甲板上、走廊上玩耍的時候，錢學森和夫人蔣英就會俯身在船舷上，一邊望著兩個可愛的孩子，一邊商量著和憧憬著，在回國之後，怎樣開始各自全新的工作……

當時，和錢學森一家一起乘坐這班郵輪回到中國的，還有著名數學家許國志和他的夫人蔣麗金，著名物理學家李正武博士夫婦等。

許國志回到中國後，為系統工程研究做出了巨大貢獻；他的夫人蔣麗金是感光化學領域的專家。後來夫妻雙雙成為中國科學院院士。

錢學森在船上和他們夫婦倆有過數次長談，對這對科學家夫婦回國後的研究方向，起到了指引和鼓舞的作用。

這件事也給童年的永剛留下了深刻的記憶。許多年後他才領悟到，原來父親那時候的眼光就那麼遠大，已經在心中描繪著新中國瑰麗的科學藍圖了。

「克利夫蘭總統號」郵輪在抵達菲律賓時曾稍事停留。錢學森受到了當地愛國華僑們的熱烈歡迎，許多華僑特意帶著鮮花和禮物趕來，向這位正在奔赴祖國懷抱的科學家表達他們的敬意。

當時，有一位華僑中學女教師，特地跑來拜望錢學森。

她和錢學森談得十分熱烈和親切，真誠地表達了自己的敬佩之意。

錢學森得知她是一位中學教師，誠摯地說：「非常好，中小學老師非常重要，因為這是一個社會發展的基礎。青年是社會的未來，他們必須受到好的教育，以培養他們的潛能和創造力。」錢學森還說：「基礎非常重要，培養好年輕人是一個國家進步的基礎。不要瞧不起妳的工作，妳是在塑造年輕人的靈魂。」

接著，他給這位女教師講了一些自己少年時代的學習體會。

他認為，自己少年時代得到的最大教益，不是科學知識方面的，而是在形象思維方面的訓練，文學、美術、音樂等，給他日後從事科學研究打下了另一種基礎，那就是活躍和豐富的想像力與創新精神。

「少年人不要死讀書，不要當書獃子，」他說，「缺乏形象思維的訓練，總是循規蹈矩，不敢越雷池一步。未來的中國，一定要培養自己的創新型人才……」

據說，在錢學森一家離開洛杉磯那天，加州理工學院院長杜布里奇滿懷惋惜地歎息著，對身邊的人意味深長地說道：「錢回到自己的國家，絕不是要去種蘋果的。」

是的，錢學森歷盡千難萬險返國，當然不是要去種蘋果樹的。有一個更為偉大的夢想和事業，在等待著他，那就是中國的「大國重器」，後來被稱為「兩彈一星」的研究計畫。

有的外國專家這樣說過：正是因為錢學森回到了中國，「兩彈一星」研究的時程至少加快了二十年！

「失蹤」的爸爸

錢學森回國後，國家在這位大科學家身上寄予了重託。

當時，美國已經在十年前，即一九四五年，就研製出了原子彈。在第二次世界大戰後期，美國在日本的廣島和長崎先後投下了兩枚原子彈，讓全世界都看到了這種「武器」的威力。

四年後，一九四九年八月二十九日，蘇聯也成功爆炸了自己的第一顆原子彈。

新中國誕生後不久，一九五二年十月三日，英國也成功地進行了第一次原子彈試驗；不到一個月之後，十一月一日，美國又完成了第一次氫彈試驗；緊接著，一九五三年八月十二日，蘇聯的第一顆氫彈也試驗成功……

一九五五年一月十五日，中國國家主席毛澤東親自召開了一次會議，專門研究怎樣發展中國的原子能事業。當時，參加會議的除了國家的主要領導人，還有錢三強、李四光兩位科學家和地質部副部長劉傑。

在這次會議上，地質學家李四光取出了一塊黑色的鈾礦石，告訴大家說：「這是一九五四年秋天，在我國廣西發現的。事實證明，我們國家的鈾礦資源是不成問題的……」

是的，有沒有鈾礦資源，是一個國家能不能自力更生發展原子能事業、能不能研製出原子彈的重要前提。

毛澤東聽了李四光的匯報，興奮地接過那塊鈾礦石，不停地在手上掂量著說：「好啊，現在到時候了！這是決定命運的，應該認真抓一下，一定可以搞起來的！」

也正是在這樣的時刻，錢學森回到了中國。

中國的原子彈、氫彈和導彈事業，再加上之後又增加的人造地球衛星的研製，就是現在人們所說的「兩彈一星」計畫，就這樣正式起步了。

在戰爭年月裏曾經身經百戰的陳賡大將，曾這樣問過錢學森：「尊敬的大科學家，請你明確告訴我，咱們中國人，能不能造出自己的導彈來呢？」

錢學森微笑著，卻又是斬釘截鐵地回答說：「有什麼不能的？當然能！外國人能造出來的，我們中國人同樣能造出來！難道中國人比外國人矮了一截嗎？」

陳賡大將一聽，緊緊握住錢學森的手說：「你說得太好了！我要的就是你這句話！」

一九五六年的春天來得很早，春風帶著從長城內外、大江南北各地傳來的花信，日夜吹拂著北京城……

這年早春時節，在北京積水潭的一個報告廳裏，也颳起了一陣猛烈的「錢學森旋風」。

在陳賡大將的安排下，錢學森給在北京的一大批高級將領和軍事幹部，連續做了三場關於火箭、導彈等武器知識的演講。

當時，很多將軍和軍事幹部雖然身經百戰，卻並不知道導彈究竟是什麼武器，有多麼厲害。

錢學森給他們講述了世界上最尖端武器的概況，講述了什麼是「火箭軍」，導彈的結構和用途，以及美國、蘇聯等大國的導彈發展現狀，等等。

錢學森還特別強調說：「我們完全有能力依靠自己的智慧和力量，製造出我們的火箭來。我建議中央軍委，成立一個新的軍種，就是裝備火箭的部隊。」

不久，這場「錢學森旋風」又颳進了中南海。

周恩來還特意安排出時間，邀請錢學森到中南海懷仁堂，給中國國家的高層領導人做了一場「導彈概論」的講座。

一九五六年二月二十一日，周恩來戴上老花鏡，逐字逐句審閱了錢學森起草的一份〈建立我國國防航空工業的意見書〉。第二天，周恩來囑咐祕書，把這份意見書印發給中共中央軍委各位委員，並在呈送中央軍委主席毛澤東審閱的那份打印稿上寫道：「即送主席閱，這是我要錢學森寫的意見，準備在今晚談原子能時一談。」

周恩來所說的「原子能」，就是原子彈。

當年，美國人曾經擔憂的，果然很快就應驗了！

錢學森是世界著名的力學專家。當時，中國給錢學森的一個公開的職務是中國科學院力學研究所所長。

但是，除了極少數人，一般人都不知道，中共對錢學森還有另一個祕密的安排，就是請他主持導彈的研製工作。

中國國防部第五研究院，這是當時一個高度保密的研究單位，他們所從事的也是一項高度保密的研究工作。現在，大家當然都知道了，這個研究院，實際上就是中國的「導彈研究院」。錢學森當時祕密地擔任著這個研究院的首任院長。

在此後很長的日子裏，錢學森卻像突然「失蹤」了一樣，家人、朋友都不知道他去哪兒了，就是知道了，也不能說出來。

他的兒子和女兒，大半年也見不到爸爸的人影，就常常問媽媽：「爸爸去哪兒了？」

媽媽卻只能這樣告訴他們：「在遠方，在很遠的遠方……」

有一個冬日，永剛、永真正和媽媽一起，在惦念著很久沒有回家的爸爸。

忽然，一個滿身披著雪花，戴著皮帽，穿著皮大衣和大頭皮鞋的人，推門闖了進來……

「爸爸！天哪，真的是爸爸回來了！」

是的，爸爸是從很遠又很冷的、荒無人煙的沙漠裏回來的。

許多年之後，兒子才知道，爸爸「失蹤」後，一直在草原上，在沙漠裏，在戈壁灘上，和許多科學家在一起工作。

他把全部精力投入到了中國第一顆導彈、第一顆衛星、第一艘載人太空船的研製與試驗上……

祁連山下

在大西北沙漠和戈壁灘上，有一個令人驚歎的自然奇觀：一株株高大、蒼勁的胡楊樹，就像一個個勇士，挺立在千年的風沙之中。這些已經生長了數百年的胡楊樹，有的已經死去了，但是它們的銅枝鐵杆仍然倔強地挺立著，伸向空曠的天空，彷彿還在傾聽那千年的風沙呼嘯。

胡楊樹是大戈壁、大沙漠上罕見的生命奇蹟！據說，一棵胡楊樹，只要它們活著，就會千年不死；即使它們死了，也會千年不倒；哪怕它們倒下了，也將千年不朽！

因此，胡楊樹也被人譽為大沙漠上的「英雄樹」。

除了頑強的胡楊樹，在荒涼的沙漠戈壁上，還有紅柳、駱駝刺、芨芨草……這樣一些同樣堅韌不拔的綠色生命。

位於甘肅、內蒙古交界處的巴丹吉林沙漠西部，有一個名叫賽漢陶來的地方，屬於內蒙古自治區額濟納旗。

這裏人煙稀少，乾旱少雨，自然條件非常惡劣。當地有一首民謠：「天上無飛鳥，地上不長草；常年不下雨，風吹石頭跑。」

可見這裏有多麼荒涼！

但是，這裏雖然不適合人類居住，卻因為遠離人群，隔離性和隱密性都非常強，所以，經過專家的實地勘察，中國的第一個導彈發射試驗基地，最終就選定在這片人煙稀少的戈壁灘上。

在此後很長的時間裏，外界誰也不曾知道，在這片遠離塵囂、遼闊無垠的大戈壁上，一個驚天動地的計畫，在這裏悄悄地展了。

導彈試驗靶場邊緣有一條季節河，叫弱水。河水就來自祁連山的雪水。一年四季裏，只有夏秋時節，才有融化的雪水流淌到這裏，其他季節裏，這條河就只有乾涸和龜裂的河床了。

弱水畔除了生長著一些生命力頑強的沙漠植物，如芨芨草、紅柳、駱駝刺等，還生長著一些高大的胡楊樹。

現在的人們幾乎無法想像，在二十世紀五〇年代至七〇年代裏，在中國國家經濟面臨極度困難，科技人員的研究條件、研究設備十分簡陋和落後的狀況下，中國的科學家和技術專家就像最堅強的胡楊樹，像那些最堅忍的芨芨草、駱駝刺一樣，忍受著乾旱與曝曬，忍受著飢渴與寒冷，同全國人民一起「勒緊褲腰帶」，夜以繼日地工作著。

所有來這裏工作的科學家、科技人員、部隊官兵，也都必須嚴格執行「上不告父母，下不告妻兒」的保密紀律，尤其是科學家和科技人員，對外只說自己在大西北「挖礦」，也有的說是到那裏「種棉花」去了。

正是他們，用青春、智慧、淚水、汗水、血肉和生命，為國家奮鬥！

當時為了保密給研製第一枚導彈的計畫，取了個代號，叫「1059」，目標是：在一九五九年九月前完成蘇聯 P-2 導彈的仿製任務，爭取在十月國慶節期間試射。

然而不久，中蘇關係破裂，蘇聯撤走了所有的專家、設備和研究資料。一九六〇年十月中旬，在一次有不少科學家和工程師參加的會議上，聶榮臻說道：「逼上梁山，自己幹吧！靠別人是靠不住的。以後就靠在座的大家了。」

錢學森站起來說道：「中國科技人員是了不起的。我們不僅有聰明智慧，我們還能夠艱苦奮鬥。只要國家給了任務，大家便會夜以繼日、廢寢忘食地去幹，甚至為此而損害健康，直到犧牲，也不洩氣。有了這種精神，我們就不怕落後，不怕困難多。我們一定要趕上去，我們能夠趕上去！」

於是，在錢學森的領導下，中國的科學家們依靠自己的智慧和力量，開始自力更生地研製「1059」導彈。

那時候，錢學森多次悄悄地進入地處祁連山下、大沙漠深處的試驗基地，為科技人員、領導幹部和部隊官兵講授導彈技術方面的專業知識。茫茫的戈壁灘和大沙漠上的風沙，一次次吞噬了他艱辛跋涉的足跡。

錢學森一離開北京，進入沙漠深處，就是好長一段時間。這也就是他的兒子和女兒，認為爸爸又「失蹤」了的時候吧。

許多年後，他的兒子錢永剛回憶說：

那時，我只知道，他是一個研究飛行器的科學家，具體在做什麼，別說是我，就連我媽媽也不清楚。那時保密制度非常嚴格，就連博聞強記的鄧穎超也常常把我父親和錢三強弄混，父親提醒她，她哈哈大笑說：「都怪恩來，從來不告訴我你們具體是幹什麼的，我才會弄混……」

我是直到二十多年之後才知道，父親那時是為了研製導彈和衛星，而奔走於北國大漠、西部荒原。那時候和現在是天壤之別，國家的財力物力非常匱乏，就那麼點錢，又要做那麼大的事，許多試驗，就必須做到一次成功，因而方方面面都要考慮得很周到，很細緻。為什麼後人這麼敬重「兩彈一星」的功臣？就是因為當時的環境和條件遠遠不能和現在比，完全是憑著他們的智慧、勇氣和奉獻「拚」出來的。

一九六〇年九月，第一枚「1059」導彈總裝圓滿完成。

就在「1059」導彈準備從北京運往祁連山下的導彈試射場的時候，這一年十月二十四日，一個令人震驚的噩耗傳來：蘇聯發生了一起世界上最慘烈的導彈悲劇！

蘇聯國防部副部長、砲兵主帥和戰略火箭軍總司令涅傑林，以及發射場上的一百六十名工程科技人員，全部遇難！

那天，正是蘇共中央第一書記赫魯曉夫訪問美國的日子。

赫魯曉夫臨行前，給涅傑林下達任務時說：「當我赴美國談判，我的腳踏上美利堅合眾國的土地時，你要給我放一枚導彈，嚇唬嚇唬美國人。」

可是，他怎麼也沒有想到，火箭的第二級引擎不知何故突然猛烈燃燒，引發滿載的液體燃料大爆炸，燃起衝天大火，涅傑林等一百多人當即全部犧牲。

雖然蘇聯方面對這場悲劇嚴格保密，只是宣稱涅傑林因為「飛機失事」而犧牲了，但是，對這場巨大的導彈事故，中國方面還是及時地獲得了真實的情報。

而這時候，距離中國的「1059」的預定發射時間，只有二十天了！

每一位知情者，都為「1059」這個中國導彈的「頭胎產兒」深深地捏了把汗。

從十月二十七日，「1059」導彈安全運抵發射場，到十月二十八日，「1059」導彈進入技術陣地進行單元和綜合測試後，十一月三日又被運往三號發射場區，吊到了高高豎立起來的托架上，錢學森一直在坐鎮指揮，仔細地檢查著發射前的每一個細節。

發射前夕，突然發現導彈舵機有漏油現象。

真是怕什麼來什麼！這還得了？

經過檢查，原因是舵機油壓輪泵光潔度不符合要求。

這可是嚴重的安全問題，唯一的解決辦法，就是立刻更換新的部件，重新組裝。

於是，技術人員在大戈壁的嚴寒中連續奮戰，總算排除了故障。

不料，就在錢學森下達了命令，開始往火箭裏加注推進劑的時候，異常的狀況又出現了：導彈的彈體，不知何故竟然往裏癟進去一小塊！

一接到報告，錢學森什麼也不顧了，立刻趕往現場，親自爬上發射架，仔細地察看了故障，然後做出了判斷：彈體雖然癟進了一小塊，有一點兒變形，但是並沒有達到結構損傷的程度。

他分析認為，當年，他在美國做過殼體研究，知道這是在加注推進劑之後，洩出時忘了開通氣閥，造成箱內真空，導致內外氣壓差過大，就癟進去了。等點火之後，箱內充了氣，彈體內壓力會升高，彈體就會恢復原狀。

於是，他果斷地做出決定：發射照常進行！

然而，這畢竟是中國的第一枚導彈，又是第一次發射！

這時候，基地司令員、參謀長出於謹慎，都不同意發射。

按照當時的規定，只有錢學森、基地司令員、參謀長三人共同簽字同意，才能發射。

當時，聶榮臻也在現場，三個人就請他做最後裁決。

聶榮臻說：「有錢院長的簽字，我就同意發射。因為這是技術問題，技術上錢學森說了算。如果只有司令員和參謀長兩人簽字，而沒有錢院長的簽字，我倒不敢同意發射。」

當晚，聶榮臻告訴大家，國家主席毛澤東已同意明天發射。

就在這時候，總設計師又來向錢學森報告說，零點觸發又出現了故障！

真是一波未平，一波又起！

錢學森厲聲說道：「請馬上把負責這一問題的技術人員找來！」

這時，一個紮著辮子的、剛從大學畢業不久的姑娘來了。

錢學森用命令式的口氣對她說：「務必在十小時內排除故障！」

那位姑娘花了四個小時，總算排除了故障。

第二天黎明時分，發射基地的氣溫降到零下二十多攝氏度。戈壁上空，秋高氣爽。

九時二分二十八秒，下達了點火命令。

隨著「1059」導彈尾部發出一團亮光，導彈騰空而起，先是垂直上升，然後在導引系統的控制下，從容地轉彎，朝著預定目標飛去……

七分三十二秒後，已經飛行了五百五十公里的「1059」導彈，準確地擊中了目標！

一九六〇年十一月五日，這是中國導彈研發歷史上一個具有里程碑意義的日子。中國人民依靠自己的智慧和力量，終於擁有了「兩彈」中的一「彈」。

這一天，離一九五五年十月八日錢學森從美國歸來，正好五年的時間。

這是中國軍事裝備史上的一個重要轉折點。

西北望，射天狼

羅布泊，蒙古語稱「羅布諾爾」，意為「匯入多水之湖」。古時候，這裏又被稱為蒲昌海、鹽澤、洛普池。曾經馳名西域的三十六國之一的樓蘭古國，就坐落在這片廣袤的沙海之中。

然而，樓蘭在歷史舞台上只活躍了六百年，便在公元四世紀神祕地消失了。又過了一千五百多年，一九〇〇年，瑞典探險家斯文．赫定率領一支探險隊，由羅布人奧爾德克當嚮導，艱難地抵達了羅布泊腹地。

這位探險家後來在《亞洲腹地探險八年》一書中寫道：「羅布泊使我驚訝，它像一座仙湖，水面像鏡子一樣，在和煦的陽光下閃爍。我們乘舟而行，如神仙一般。在船的不遠處，幾隻野鴨在湖面上玩耍，魚鷗和小鳥歡愉地歌唱著……」

後來有人分析說，斯文．赫定當時所看到的「仙湖」，就是美麗的博斯騰湖。他們一行離開博斯騰湖，沿著孔雀河繼續前行一段之後，映入眼簾的便是一望無際、荒無人煙的沙漠與戈壁。

他在書中詳細記錄了這次歷險經過，他的考察隊幾乎全部葬身在這片沙漠裏。因而他又在書中向世人宣稱，這裏根本不是什麼仙湖，而是一片可怕的「死亡之海」。他甚至把這裏稱作「東方的龐貝」。

就在錢學森帶領下，緊鑼密鼓地向著導彈研製和發射計畫挺進的同時，「兩彈」中的另一「彈」——原子彈的研製和試驗，也在中國西北部的羅布泊沙漠深處，開始了艱苦的奮鬥……

一九六一年，五萬名從硝煙戰火中走來的中國軍人，加上數以千計的科學家、科技人員，在人跡罕至的羅布泊沙漠上，悄悄開展了研製計畫……

三年之後，一九六四年十月十六日十四時五十九分，在羅布泊馬蘭核基地主控室裏，空氣似乎凝固了一樣，每個指揮員彷彿都不能呼吸了。

嗒嗒嗒……一排排指示燈迅速依次序閃爍著。

一位年輕的軍人，一邊目光隨著紅色指示燈移動著，一邊報著數字：「9，8，7，6，5，4，3，2，1，0！」

「起爆！」

隨後的一個瞬間，在羅布泊深處，倏地出現一道強烈的閃光。緊接著，地面升騰起一個巨大的火球，猶如出現了第二個太陽！

閃光過後，隆隆的雷聲滾過人們的頭頂，震撼寰宇。衝擊波橫掃無邊無際的戈壁灘。巨大的火球翻滾著升上高空，不斷地向外膨脹，漸漸形成拔地而起的蘑菇狀雲朵……

一九六四年十月十六日，中國第一顆原子彈爆炸成功……

有人曾稱錢學森是「中國原子彈之父」，那是一種不明真相的猜測而已。

實際上，錢學森是一位火箭專家、導彈專家，並不是核專家。

他是中國導彈、火箭研製事業的主帥。而中國核武器研製事業的主帥是錢三強、鄧稼先、朱光亞……這些科學家。

但是，錢學森對中國核武器有另一個巨大的貢獻，就是他讓原子彈和導彈兩者「結合」，誕生了威力無比的核導彈。

中國的第一顆原子彈，是固定在一座一百零二公尺高的鐵塔頂上引爆的。所以，當時有的西方國家在震驚之餘，又嘲笑中國的原子彈是「有彈無槍」。

於是，中國科學家很快就解決了「槍」的問題。

一九六五年五月十四日，在羅布泊馬蘭核基地，一架轟炸機又在大沙漠上空成功空投並引爆了一顆原子彈。

但是，這桿「槍」還是比較落後的。因為早在第二次世界大戰時期，美國投向日本的兩顆原子彈，就是用飛機投下的。

那麼，最先進的「槍」只能是導彈。

讓原子彈與導彈結合起來，製造成核導彈，這才是最佳方案。

錢學森正是最早提出「兩彈結合」構想的人。他要給中國的原子彈配上一桿最先進的「槍」。

他提出的「兩彈結合」方案，也很快進入了實施環節。

在此後很長的日子裏，錢學森又「失蹤」了。

錢學森在基地一待就是半個月一個月。他的任何行蹤，都是嚴格保密的，連他的夫人蔣英也不知道。

有一天，連續一個多月了，都得不到丈夫的音訊，蔣英就找到錢學森的單位詢問：「這麼長時間都杳無音信，他還要不要這個家了？」

研究院的同事只好連忙解釋：「錢學森同志出差在外地，平安無恙，只是工作太忙，暫時還回不來，請您放心。」

一九六六年十月二十七日九時，一枚核導彈，在羅布泊沙漠深處點火升空……

九分十四秒後，核彈頭在靶心上空五百六十九公尺的高度引爆！

這意味著，中國在原子彈研製的道路上，只用了短短的數年時間，就成功地跨越了三大步：

第一步，一九六四年十月十六日，第一顆原子彈爆炸成功；

第二步，一九六五年五月十四日，用轟炸機空投原子彈成功；

第三步，一九六六年十月二十七日，第一枚核導彈試射成功。

毛澤東曾經講過，原子彈這種東西，也就這麼大一個玩意兒，可是，沒有這東西，人家就說你不算數，就可以任意訛詐你，恐嚇你，欺負你！在今天的世界上，我們要想不受人家的欺負，就不能沒有這個東西！

錢學森一直記得，毛澤東還說過，中國製造導彈、原子彈，就好比讓自己手上握著一根「打狗棍」，有了這根打狗棍，什麼「惡狗」我們也不害怕了！

有一天夜晚，錢學森站在發射場的星空下，望著茫茫天際，突然想到了自己喜歡的一首宋詞，喃喃念道：「……會挽雕弓如滿月，西北望，射天狼！」

天狼星，是茫茫夜空中最亮的一顆恆星。在古老的天文學裏，天狼星屬於二十八星宿的「井宿」，是一顆「主侵略之兆」的「惡星」。我們的祖先，曾經把船尾座、大犬座連在一起，想像成一張橫跨在天際的大弓，而箭頭正對著那顆彷彿蠢蠢欲動的天狼星。

錢學森想到，正是在這顆「主侵略之兆」的「惡星」之下，中華民族數千年來居安思危、枕戈待旦，雖飽受挫折，卻一次次浴火重生、自強不息。中華民族是一個與人為善、熱愛和平與幸福的民族，但是，來之不易的和平與幸福，需要一代代人付出智慧、力量甚至生命來保護。天狼星沒有消失，戰爭也並沒有離我們遠去……

身處天狼星下，遙望茫茫天際，他彷彿聽見了古代將士們響徹大地的奔馬蹄聲，彷彿看見狼煙滾滾之中，那些飲馬瀚海、封狼居胥的獵獵戰旗……

天上的樂曲

一九七〇年四月二十五日十八點，中國新華社向全世界宣佈了一個消息：

「一九七〇年四月二十四日，中國成功地發射了第一顆人造衛星……」

大多數中國人，後來都是從電影紀錄片或電視鏡頭裏，看到了中國第一顆人造衛星在美麗夜空中緩緩移動的身影，也聽到了中國人民家喻戶曉的〈東方紅〉的樂曲……

中國擁有了「兩彈」之後，讓中國的衛星飛入太空的夢想也隨之提到議事日程上來。要把衛星送上太空，最重要的前提，除了「星」，還要造出強有力的火箭。只有用火箭，才能把「星」送上太空。

於是，身為火箭專家的錢學森，又擔負起了國家賦予的使命。

當時，蘇聯已在一九五七年發射了自己的第一顆人造地球衛星。

一九五八年，美國也成功發射了自己的第一顆人造地球衛星。

一九六五年，法國的第一顆人造地球衛星也上天了。

一九六六年，中國的近鄰日本也擁有了自己的衛星。

在這種壓力下，錢學森和他的同事們克服重重困難，開始了人造地球衛星的研製計畫。

錢學森推薦科學家孫家棟擔任人造地球衛星的總設計師。

孫家棟提出了一個大膽的設想：簡化中國第一顆人造地球衛星的功能，不要那麼多的探測儀器，先放一顆「政治衛星」再說！

換句話說，無論怎樣，先把衛星放上天去，實現「零」的突破，打破「鴨蛋」。

錢學森覺得這個設想很好，可以大大加快中國第一顆人造地球衛星的研製和發射進度。

接著，大家又對孫家棟提出的一套具體建議達成了共識，那就是，這顆「政治衛星」必須「上得去、抓得住、看得見、聽得到」。

「上得去」，就是務必要發射成功。

「抓得住」，就是要讓衛星準確進入軌道。

「看得見」，就是在地球上能用肉眼看得見這顆衛星的身影。

「聽得到」，就是在地球上可以用收音機收聽到衛星的訊號。

前三項建議，聰明的科學家們都從專業上解決了。可是第四項就比較難辦了，因為那個時候，中國的普通家庭裏都沒有電視機，只有收音機，這個頻率短波聽不見。怎麼辦呢？

錢學森和同事們想了個辦法：由中央人民廣播電台給轉播一下。

但是讓大家聽什麼呢？如果只聽嘀嗒的信號，老百姓哪裏聽得懂呢？

這時候，有人靈機一動，說：「播放一段中國人熟悉的〈東方紅〉的樂曲怎麼樣？」

錢學森聽到這個建議，眼睛頓時一亮。果然很快就批准了。

發射衛星之前，還必須對運載火箭「長征一號」進行試驗。

「長征一號」是三級運載火箭，總設計師是科學家任新民。

在任新民的領導下，一九七〇年一月三十日，「長征一號」火箭試射成功。

兩個月後，一九七〇年四月一日，一列專用火車把兩顆「東方紅一號」衛星、一枚「長征一號」運載火箭，祕密地運到了酒泉衛星發射場。

其中一顆衛星是作為緊急情況下備用的。

四月二十四日二十一時三十五分，「長征一號」火箭點火……

中國的第一顆人造地球衛星，成功發射到了太空！

於是，就有了前面所說的新華社對全世界的廣播。

至此，中國「兩彈一星」計畫，終於「圓滿」成功了。

「錢學森星」

在我的眼中，父親是一座神奇的、有生命的豐碑。隨著我的成長，對這個世界的理解不斷加深，這座豐碑在我的心目中也越來越高大，越來越明晰，越來越雄偉……

小時候，我敬佩父親，是因為父親的身材比我高大得多，他是一座大山，我是依傍大山的小草，因為有了大山的滋養，才能無憂無慮地生長；父親又好像一棵大樹，我是歇在大樹上的小鳥，不必擔心風雪驕陽。

這兩段深情而優美的文字，出自錢學森的兒子錢永剛寫的回憶文章〈大手牽小手──回憶父親錢學森〉。

錢永剛長大後才慢慢知道，自己的父親有多麼偉大！

錢永剛先是成為一名軍人，後來又成為計算機軟體領域的高級工程師和著名學者、教授。

他回憶說：

……我已經長高了，父親的身材不那麼偉岸了，可是在我的眼中，他卻如風暴中的一座山，不僅屹立不動，而且給親人和朋友以力量和信心。從父親的話裏，我讀到的是信任、鼓勵、期望。在部隊，我沒有靠父親的名望、地位和關係去謀點兒什麼「特殊照顧」，但是他的話一直支撐著我度過那段並不平靜的戎馬生活……

一九八二年，父親退出了第一線，他年紀大了，不可避免地顯出了老態，他的腰有些彎了，手也不那麼大，不那麼有力了，而我的手也不再是那雙被父親牽著的小手了。「大手牽小手」，已經成了遙遠而甜蜜的回憶了。但是我很快發現，父親仍然在引領我前行，不是用他的手，而是用他的精神。父親不但「退而不休」，而且他那科學家富於探索的熱情，有增無減。他的心中仍然煥發著青春的活力，他關注的範圍更寬、更深了。他廣泛涉獵音樂、繪畫、電影、文學、生命科學、技術美學、現代農業，而且有研究、有心得、有創見。

他積極倡導的資訊技術應用研究，極大地推動了軍隊資訊化建設。他提出的「知識密集型大農業」理念，已經在西部地區的「沙產業」中成為現實。在那些被認為是不毛之地的沙漠中，盛產沙棘、沙棗、黑番茄……

對於錢學森這樣一位具有世界影響的大科學家，長期以來，社會上有一個比較片面的認知，就是只知道他是一位導彈專家、火箭專家。

實際上，錢學森在其他一些領域裏也創造了中國乃至世界科學史上前所未有的建樹和成就。

只不過，我們對他這些方面的建樹瞭解和關注得太有限了。

比如說，他是世界著名的空氣動力學家，他在空氣動力學領域的地位也許要比他在導彈領域的地位更高。

又比如，他是傑出的「工程控制論」的創立者，深入研究和積極推廣過系統工程學。他創立的控制論學說，可以讓今天的中國更加順利地建造許多重大工程。

他曾經提出的「山水城市」的主張，與今天正在倡導的「綠水青山就是金山銀山」的理念也是一致的，都是為了讓我們生活的城市和鄉村，更加環保宜居，更加綠色、美麗、清潔。

而在他提出的「沙產業」理論的指導下，生活在大西北的人們，正在荒蕪的沙漠上種植和開發出愈來愈多的沙棘、沙棗、黑番茄等沙漠作物，還利用沙子製成了裝修材料。期待著有一天，沙漠也能變成「寶庫」……

錢學森自己也對人們僅僅在意他在導彈、火箭方面的工作，而對他在其他領域提出的一些建議卻不願稍加關注，頗有微詞。

有一次，他在翻看一本介紹他的生平事蹟的圖書時，對兒子永剛說道：「這些書啊，都是在說我這個好那個好、這個行那個行，這對人是沒有什麼啟發性的。我不是什麼天才。真要寫，就應該說一說我為什麼能取得那些成就，要說一說其中的道理和規律性嘛！」

在錢永剛看來，他的父親能夠取得那麼多科學成就的一個最重要的原因，正在於他善於用系統、科學的理論去觀察和分析問題，擁有一位科學家既嚴謹、縝密，又充滿活躍的想像力的頭腦。

寒來暑往，柳色秋風……

隨著時光的推移，錢學森這一代科學家，一個個都進入了自己的老年。

錢學森年老的時候，彷彿重新回到了童年時代，仍然喜歡和自己最親愛的人一起，坐在夏夜的草地上數星星，遙望月亮上的隕石坑……

他為國家做出的貢獻也像天上的繁星一樣眾多，一樣耀眼。

有一天夜晚，當他和夫人蔣英相互依偎著，坐在公園裏遙望月亮上的隕石坑的時候，他不知道，在草地不遠處，有一位美麗的女教師正領著一群小朋友，也坐在那裏看星星。

女教師指著遼闊的星空說：「孩子們，你們知道嗎，在那些像寶石一樣閃爍的星星裏，有一顆國際編號為3763號的小行星，就是用錢學森爺爺的名字命名的，它的名字就叫『錢學森星』……」

國家圖書館出版品預行編目 (CIP) 資料

錢學森 / 徐魯作 . -- 第一版 . -- 新北市 : 風格司藝術創作坊出版 ; 臺北市 : 知書房發行 , 2020.02
面 ; 公分 . -- (嗨 ! 有趣的故事)
ISBN 978-957-8697-71-3(平裝)

1. 錢學森 2. 傳記

782.887 109000527

嗨！有趣的故事

錢學森

作　　者：徐　魯
責任編輯：苗　龍

發　　行：知書房出版
出　　版：風格司藝術創作坊
235 新北市中和區連勝街 28 號 1 樓
電　　話：(02) 8245-8890

總 經 銷：紅螞蟻圖書有限公司
台北市內湖區舊宗路二段 121 巷 19 號
電　　話：(02) 2795-3656
傳　　真：(02) 2795-4100
http://www.e-redant.com

版　　次：2020 年 11 月初版　第一版第一刷
訂　　價：180 元

ISBN 978-957-8697-71-3 Printed inTaiwan

Hi! Story